世界の
絶景・秘境
100

成美堂出版

イグアスの滝 >> P.139

世界の果ての秘密の場所へ。

地球の裂け目、
裂かれた大地に
水流が飲み込まれていく。
轟音の前に人のチカラは小さく
何千何億という時のながれだけが
地球のいとなみとそのパワーを教えてくれる。

地球を造り
生物を育んだ
母なる海、青い海。
点々と浮かぶサンゴの島は
カラフルな魚たちのパラダイス。
まぶしく輝く青のグラデーション、
これが地球からのプレゼント。

ロックアイランド >> P.180

もっと潜れ！
さらに下へ深く！
光さえも届かぬ闇へ
漆黒の洞窟へ真っ逆さまに！
だんだんと冷たく、重くのしかかる水。
自らの呼吸音すら、遠い向こうの世界のよう。
海底に引きずり込まれるような感覚。
地球と一体となる瞬間。

セノーテ >> P.40

さあ、人類の叡智がどれほどのものか知るがよい。
高く！ そして大きな建築物を！
権力者が目指したのは大地への挑戦だったのか。
遥かなる想い
その答えを探しに…。

パムッカレのヒエラポリス >> P.224

ヒトは暗く悲しい夜を征服した。
煌めく光は、希望をもたらす。
夜明けを待たずして開く未来への扉。
それは止まることの許されない人類の業。
水面に映る光のページェント。
それは己の姿か。

サグラダ・ファミリア >> P.236

WONDER SPOT 世界の絶景・秘境 100

CONTENTS

中南米

01 天空のテーブルマウンテン、地球最後の秘境へ！
ギアナ高地　ベネズエラ　P.12

02 雨期だけに現れる神秘のブルーラグーン
レンソイス・マラニャンセス　ブラジル　P.18

03 天と地がぴったり合わさる奇跡の湖
ウユニ塩湖　ボリビア　P.22

04 どこまでも深く！地球の裏まで潜ってみよ！
ブルーホール　ベリーズ　P.28

05 大地を這う幾筋もの流れは恵みの大河に
アマゾン川　ブラジル／ペルー他　P.32

06 爆風とともにビキニ娘の頭上をかすめる旅客機
プリンセス・ジュリアナ国際空港　セント・マーチン　P.36

07 マヤの雨神に捧げられた鍾乳洞が沈む神秘の洞穴
セノーテ　メキシコ　P.40

08 南米最南端、気高きパタゴニアの峰を制す
トーレス・デル・パイネ　チリ　P.46

09 海面が揺れる巨大な氷河の崩落を目の当たりに！
ロス・グラシアレス　アルゼンチン　P.50

10 【コラム】マーブル・カテドラル　チリ　P.56

世界で最も「?!」な WONDER SPOT

世界で最も不安定な石
28　チャイティーヨーのゴールデンロック　P.130
29　シェラーグ・ボルテン　P.132
30　デビルズ・マーブル　P.133
31　チリカワ国定公園のバランス岩　P.133
32　ロングアイランドのバランス岩　P.133

世界で最も美しい図書館
33　幻想図書館　P.134
34　ジェファーソン図書館　P.136
35　メルク修道院図書館　P.136
36　シュトゥットガルト市立図書館　P.137

世界で最も迫力ある滝
37　ヴィクトリアの滝　P.138
38　イグアスの滝　P.139
39　ヨセミテの赤い滝　P.139
40　ミッチェル滝　P.139

世界で最も愛あふれる島
41　ハートリーフ　P.140
42　トゥバイ島　P.140
43　タバルア島　P.141
44　コラソン島　P.141
45　ガレシュニャク島　P.141

中近東 アフリカ

- **11** 土中に掘られた不思議なキリスト教会
  ラリベラ エチオピア　P.58
- **12** グロテスクな蛍光色は資源豊富な湖の証
  ダロル エチオピア　P.62
- **13** サバンナを見守る世界最高の独立峰
  キリマンジャロ山 タンザニア／ケニア　P.66
- **14** ナバテアの魂が宿る壮麗なファサード
  ペトラ ヨルダン　P.72
- **15** 塩分濃度35%、生物を拒絶する過酷な海
  死海 イスラエル／ヨルダン　P.76
- **16** 高さ60mの壁から霧が一気に駆け降りる早朝の奇跡
  ネゲヴ砂漠 イスラエル　P.80
- **17** ミステリアスなパワーが宿る古代エジプトの遺産
  ギザのピラミッド エジプト　P.84
- **18** バラ色に輝くロマンティックな湖
  ラック・ローズ セネガル　P.88
- **19** 樹齢数千年、星を破壊する巨木？
  バオバブの並木道 マダガスカル　P.92
- **20** 黄金に輝く曲線美は一粒の砂の芸術
  ソッサスブレイ ナミビア　P.98
- **21** 【コラム】白砂漠　エジプト　P.102

> 世界中から6大陸別に絶景・秘境スポットを厳選！
> センター特集も必見SPOT満載！

アジア

- **22** 金色の仏塔で彩られた敬虔な仏教の都
  バガン ミャンマー　P.104
- **23** 人々の業をすべて飲み込む母なる流れ
  ガンジス川 インド　P.110
- **24** 3500もの階段が幾何学模様のように並ぶ
  チャンド・バオリの階段井戸 インド　P.114
- **25** 大陸を這う城、空前絶後の巨大建造物
  万里の長城 中国　P.118
- **26** 湖に浮かぶ白亜の城でマハラジャのバカンスを！
  タージ・レイク・パレス インド　P.122
- **27** 白き峰を映す湖、世界の屋根に立つ！
  ヒマラヤ ネパール他　P.126

世界で最も恐ろしい吊り橋

- **46** ロイヤル・ゴージ・ブリッジ　P.142
- **47** キャピラノ吊り橋　P.144
- **48** タフーン・フォレスト・エアウォーク　P.145
- **49** キャリック・ア・リード吊り橋　P.145
- **50** トリフト橋　P.145

世界で最も幻想的な青の洞窟

- **51** ディアマンティナ洞窟　P.146
- **52** メリッサニ洞窟　P.146
- **53** カプリ島の青の洞窟　P.147
- **54** ビシェヴォ島の青の洞窟　P.147
- **55** アンティパクソス島の青の洞窟　P.147

世界で最も不気味な洞窟

- **56** クリスタル洞窟　P.148
- **57** スカフタフェットルの氷の洞窟　P.150
- **58** モンフォートバット洞窟　P.150
- **59** ドラック洞窟　P.151
- **60** サンタロザリアの洞窟教会　P.151

世界で最も楽しいスケートリンク

- **61** パテルスヴォルゼ湖の氷の道　P.152
- **62** キンデルダイク　P.153
- **63** セントラルパーク　P.153
- **64** 后海　P.153

世界で最も鮮やかな花畑

- **65** アンダルシアのひまわり畑　P.154
- **66** プロヴァンスのラベンダー畑　P.156
- **67** グラン・プラスのフラワーカーペット　P.156
- **68** オランダのチューリップと風車　P.157

世界で最も妙なホテル＆レストラン

- **69** アイスホテル　P.158
- **70** 三游洞の絶壁レストラン　P.158
- **71** マジック・マウンテン・ホテル　P.159
- **72** シャフベルク山の山岳ホテル　P.159
- **73** イグルー・ヴィレッジ　P.159

太平洋 オセアニア

74 青い海に迫る白砂のマーブル模様に足跡を残せ！
ホワイトヘブン ビーチ オーストラリア　P.162

75 縞模様の小さなドームが無限に続く
バングルバングル オーストラリア　P.166

76 ハワイを象徴する景観、そこには巨大クレーターが！
ダイヤモンドヘッド ハワイ　P.170

77 ひだをよせる優しくも険しいベルベットグリーンの山肌
ナ・パリ・コースト ハワイ　P.176

78 珊瑚礁が隆起した島の間を白帯のラグーンが繋ぐ
ロックアイランド パラオ　P.180

79 【コラム】グレートバリアリーフの**珊瑚** オーストラリア　P.186

ヨーロッパ

80 高さ1000m！断崖絶壁に突き出た「妖精の舌」
トロルの舌 ノルウェー　P.188

81 絶海の孤島のごとくそびえる気高い修道院
モンサンミシェル フランス　P.194

82 広大な庭園に仕掛けられた生垣の迷路
ロングリート庭園 イギリス　P.200

83 地熱発電の副産物で楽しむ世界最大の露天風呂
ブルーラグーン アイスランド　P.204

84 トンガリ屋根の住宅が並ぶおとぎの国
アルベロベッロ イタリア　P.208

85 太陽王が建築した栄華を極めたバロックの城
ヴェルサイユ宮殿 フランス　P.214

86 アラビア建築の粋を集めた精緻な装飾
アルハンブラ宮殿 スペイン　P.220

87 白い石灰棚とローマ遺跡のコラボレーション
パムッカレ トルコ　P.224

88 エルジエス山の噴火でできた多彩な奇岩群
カッパドキア トルコ　P.230

89 天才ガウディが残し、いまだに未完成
アントニ・ガウディの建築 スペイン　P.236

90 大小16の湖と92の滝が織りなすグリーン絵巻
プリトヴィッツェ湖沼群 クロアチア　P.242

91 全長728mに及ぶ2000年前の水道橋
セゴビアの水道橋 スペイン　P.248

92 地球の底に轟音とともに爆流が吸い込まれる！
グトルフォス アイスランド　P.252

93 幻想の世界へ誘うモスクのアラベスク模様
トルコのモスク トルコ　P.258

94 【コラム】**愛のトンネル** ウクライナ　P.264

北米

95 全長10kmを超える海の架け橋
セブン・マイル・ブリッジ アメリカ　P.266

96 世界の金融を支える驚異の街並み
シカゴの高層建築 アメリカ　P.270

97 大きな丸い石がゴロゴロ転がる不思議なビーチ
ボウリング・ボール・ビーチ アメリカ　P.274

98 肌色のグラデーションが曲線を描く、地球の造形美
アンテロープキャニオン アメリカ　P.278

99 宇宙の神秘が間近に感じられる、光のカーテン
オーロラ カナダ　P.284

100 地球の鼓動を感じる世界最古の国立公園
イエローストーン アメリカ　P.288

旅のヒント　P.294
索引　P.298

■表紙PHOTO: ブルーホール（→P.28）

■本書のデータは2013年8月現在のものです。
■掲載された情報については、現地の状況により変化することがありますので、旅行の前に最新情報をご確認ください。
また、写真についてはあくまでイメージのため同じ光景を見られるとは限りません。
■本書のトラベルプラン、および所要時間・交通費・アクセスはあくまで目安です。状況に応じて変わる場合があります。
■予算について
日本からツアーで行きやすいところは一般的なツアー代金を、その他は、飛行機代（燃油サーチャージ含む）、宿泊費（現地の平均的な宿泊施設）、食事、現地交通費（現地ツアー含む）、施設入場料などを合計し、概算で算出したものです。いずれも、条件や季節によっても大きく変動しますのであくまで目安としてご利用ください。なお、掲載の各種ワンダースポットの多くは入場料等がかかります。各項目に明記したウエブサイトも参考にしてください。
■掲載情報による損失、および個人的トラブルに関しましては、当社は一切の責任を負いかねますので、あらかじめご了承ください。

中南米 Latin America WONDER SPOT

- **01** ギアナ高地
  ベネズエラ　P.12
- **02** レンソイス・マラニャンセス
  ブラジル　P.18
- **03** ウユニ塩湖
  ボリビア　P.22
- **04** ブルーホール
  ベリーズ　P.28
- **05** アマゾン川
  ブラジル／ペルー他　P.32
- **06** プリンセス・ジュリアナ国際空港
  セント・マーチン　P.36
- **07** セノーテ
  メキシコ　P.40
- **08** トーレス・デル・パイネ
  チリ　P.46
- **09** ロス・グラシアレス
  アルゼンチン　P.50
- **10** 【コラム】マーブル・カテドラル
  チリ　P.56

標高2810mのロライマ山。ベネズエラのほかにブラジルやガイアナの3国にまたがる巨大なテーブルマウンテン

1 天空のテーブルマウンテン、地球最後の秘境へ!

ギアナ高地
Guiana Highlands

ベネズエラ

雲海に浮かび上がるロライマ山。天候は常に目まぐるしく変わる

ギアナ高地
Guiana Highlands

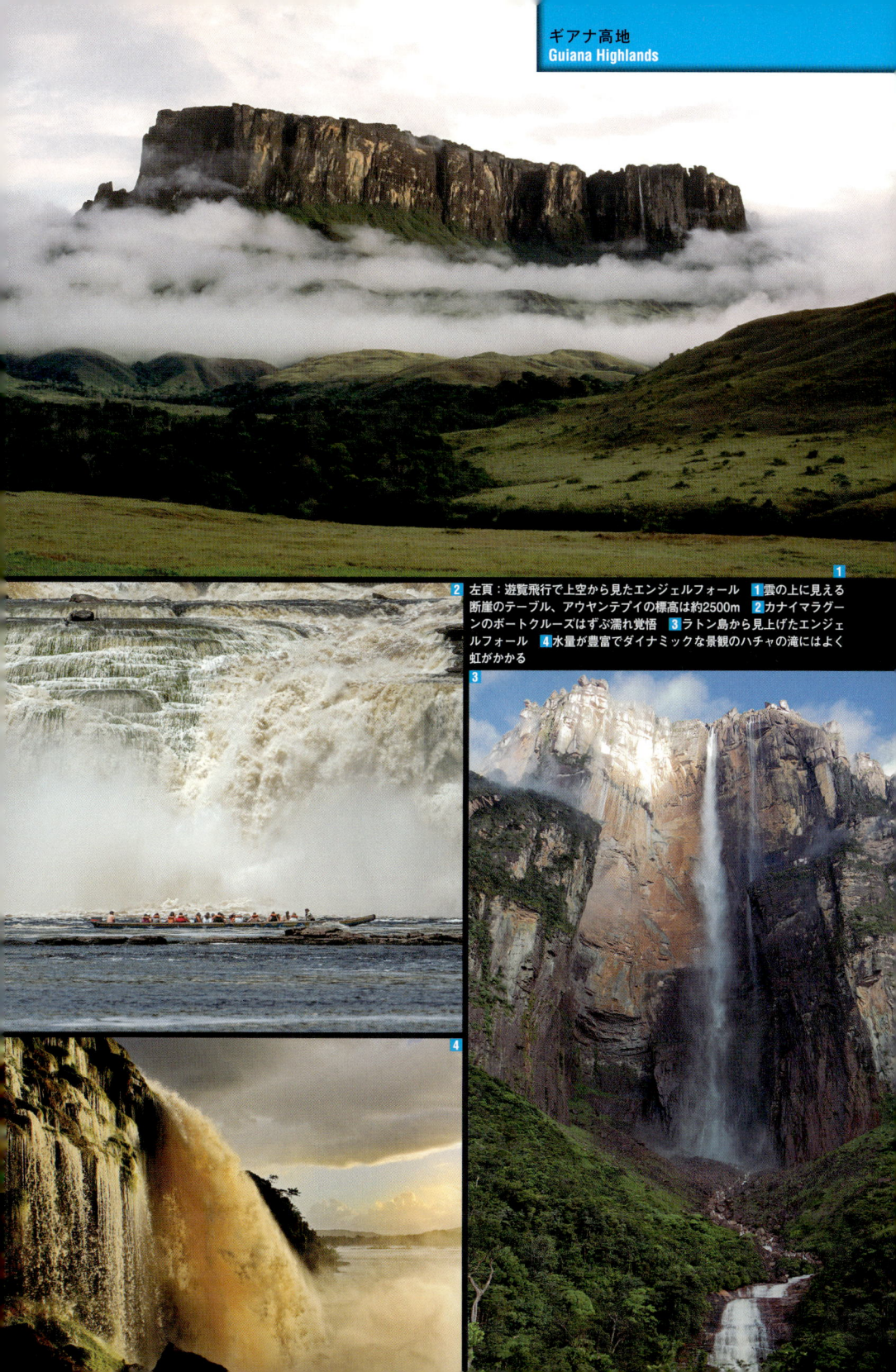

左頁：遊覧飛行で上空から見たエンジェルフォール　**1** 雲の上に見える断崖のテーブル、アウヤンテプイの標高は約2500m　**2** カナイマラグーンのボートクルーズはずぶ濡れ覚悟　**3** ラトン島から見上げたエンジェルフォール　**4** 水量が豊富でダイナミックな景観のハチャの滝にはよく虹がかかる

中南米

TRAVEL PLAN

ギアナ高地

世界遺産

旅の目安

>>アメージング度 
>>難度 
>>予算

60万円〜 （大人1人あたりの予算）

ギアナ高地（ベネズエラ）

アクセス

日本からのベネズエラへの直行便はないので、アメリカのアトランタやヒューストンなどで乗り換えが必要。最短でも19時間30分。カラカスからエンジェルフォールのあるカナイマ国立公園の起点プエルト・オルダスまで飛行機で約1時間。シウダー・ボリーバルまで約45分。両都市からエンジェルフォールへの遊覧飛行のツアーが出ている。

ベストシーズン

一般的に南米は12〜4月頃の冬から秋にかけての乾期が観光シーズンだが、エンジェルフォールの場合、夏期は水量が少なく、見応えもない上にボートで行ける場所も限られてくる。そのため、==降水量が多く、滝の水量が豊富な雨期の7・8月がベストシーズン。==とはいえ悪天候のため遊覧飛行がキャンセルになることもある。==乾期は天候が安定し遊覧飛行にはベスト==でテーブルマウンテンはきれいに見えるが迫力ある滝は期待できない。

旅のヒント

ジャングルの中を歩いたり、==ボートツアーでは滝のしぶきで濡れる==ので、ずぶ濡れ覚悟の装備が必要。下に水着を着込んだり、アウトドアジャケットの上

カナイマ湖から川を上ってエンジェルフォールまで行く

下に滑りにくい靴は必須。虫除け対策（電池式の携帯虫除けや携帯式蚊取り線香など）もあると心強い。

ツアー情報

日本からは8〜9日間のツアーが多く、遊覧飛行とボートクルーズで滝を見ることができる。プエルト・オルダスやシウダー・ボリーバル発の2泊3日ツアーがあり、各空港にある旅行会社で申し込める。英語を話すガイドが付くことが多い。

天空のテーブルマウンテン、地球最後の秘境へ！

南米とアフリカ、オーストラリアがかつては同じ大陸だった太古の昔、ギアナ高地はそのゴンドワナ大陸の中心で、数億年前にロライマ山などが隆起してギアナ高地が形成された。台地の上は太古からほとんど変わらない独自の生態系が広がり、コナン・ドイルの『失われた世界』の舞台ともなった。エンジェルフォールはギアナ高地のテーブルマウンテンのひとつ、アウヤンテプイから流れ落ちる、約980mと世界最大の落差を誇る。滝壺はなく、その高い落差のため、下の方は霧状になっている。発見者のアメリカ人パイロット、ジェームズ・エンジェルは1937年に鉱脈を探して飛行中にこの滝を発見し、アウヤンテプイの台地の上に着陸した。後に発見者の名前よりエンジェルフォールと呼ばれるようになった。

ギアナ高地
Guiana Highlands

http://www.venezuelaturismo.gob.ve （ベネズエラ観光局）

モデルルート

DAY 1 成田からアメリカ経由で ベネズエラの首都、カラカスへ

夕方～翌朝 カラカス市内のホテルへ

日本を午後に出発すると、カラカス到着は最短でも同日深夜。初日はカラカス市内に宿泊。乗り換え都市によっては翌日の午前中になる場合もある。

DAY 2 プエルト・オルダスから カナイマ国立公園へ

AM8:00

カラカスを朝に出発する飛行機でプエルト・オルダスへ。その後セスナ機に乗り換えてカナイマ国立公園入口のカナイマへと向かう。ホテルにチェックインしたらエンジェルフォールとテーブルマウンテンを見下ろす遊覧飛行へ出発。雨期は霧で滝が見えないことが多いが、お昼前後なら比較的天候が安定している。

セスナ機の窓から見えるテーブルマウンテン

DAY 3 ジャングルを抜け ラトンシート島の展望台へ

AM5:00 ボートで川を下り 滝ウオッチングの基地へ

カナイマの町のホテルを早朝に出発し、カラオ川とチュルン川をさかのぼってエンジェルフォール観光の起点となるラトンシート島を目指す。ここにはキャンプがあり、宿泊することもできる。

AM9:00 ジャングルを歩いて 展望台を目指す

ラトンシート島からジャングルの中を歩き、滝を間近に見上げることができる展望台へ向かう。展望台からラトンシート島に戻ったら食事をとり、そのまま宿泊するか、カナイマのホテルに戻る。

展望台から見上げたエンジェルフォール

DAY 4 テーブルマウンテンのふもと サンタエレナへ

午前中 サンタエレナへ

テーブルマウンテンへの起点、サンタエレナはカナイマ国立公園の逆端にある。定期フライトはないので、セスナ機をチャーター（約1万円）して行くか、バスで10時間かけて行く。プエルト・オルダスやシウダー・ボリーバルで参加できる3泊4日のツアーに参加するのも手。

DAY 5 ヘリコプターでテーブルマウンテン の台地に降り立つ

午前中 ヘリコプターの遊覧飛行で ロライマ山の頂上へ

遊覧飛行でロライマ山などテーブルマウンテンの景色を楽しんだ後、山の上に着陸し、台地を散策する。

霧の中を進むヘリコプター

オリルトキハ ドキドキ ダネ！

DAY 6 テーブルマウンテンを見上げる グランサバナをドライブ

午前中 草原の向こうに見える テーブルマウンテン

サンタエレナ周辺に広がるグランサバナはかつてはジャングルだった場所。グランサバナを4WDで疾走し、テーブルマウンテンから流れ落ちる滝を見たりする1日ツアーだ。標高約2810mのロライマ山の本格的トレッキングに挑戦するなら5泊6日のツアーに参加しよう。

グランサバナの草原とテーブルマウンテン

DAY 7,8 プエルト・オルダス、カラカス、 北米乗り換えで日本へ帰国

僻地のサンタエレナからカラカスまで戻るのも一苦労。できればセスナ機のチャーターでカナイマまで行き、そこからプエルト・オルダス経由でカラカスへ。
サンタエレナはブラジルとの国境にほど近く、タクシーとバスを乗り継げばブラジル側のボア・ビスタまで行ける。ボア・ビスタから飛行機でアマゾン川（→ P.32）観光の起点マナウスまでは約1時間。

#滝　#山岳

2 雨期だけに現れる 神秘のブルーラグーン

レンソイス・マラニャンセス
Lençóis Maranhenses ブラジル

中南米

レンソイス・マラニャンセス
Lençóis Maranhenses

http://www.parquelencois.com.br（公式サイト）

TRAVEL PLAN
レンソイス・マラニャンセス

2

雨期だけに現れる神秘のブルーラグーン

ブラジル北東部、マラニョン州を流れるプレグイシャス川の河口には広大な砂丘が広がっている。5～10月の雨期になると、砂丘の下に浸透していた水が地表に浮き出し、真っ青な湖を作り出す。石英の真っ白く輝く砂丘とエメラルドグリーンの湖が作り出す絶景を求めて多くの観光客がやってくる。湖の中には魚が棲むものもあり、雨期になって水量が増えると卵からかえるというとても不思議な魚だ。雨期が終わると湖は再び、真っ白な砂丘へと戻っていく。

湖で泳いでみよう

旅の目安
>>アメージング度
>>難度
>>予算

60万円～（大人1人あたりの予算）

レンソイス・マラニャンセス（ブラジル）

アクセス
日本からの直行便が就航しているサンパウロからサン・ルイスまで飛行機で約3時間30分。そこからレンソイス観光の起点となるバヘリーニャスまでバスで約4時間30分。砂丘に行く交通機関はないのでツアーに参加する。

ベストシーズン
湖が現れる雨期は5～10月で、最も水量が多いのは7～9月頃。

旅のヒント
ブラジルへの入国には観光目的でもビザが必要。東京、浜松、名古屋にあるブラジル総領事館で取得しておこう。

ツアー情報
日本発でもレンソイス・マラニャンセスを含むツアーが少ないながらも出ている。バヘリーニャスまで行けば現地発着のツアーがたくさん出ている。4WD車で砂丘を行くツアーが手頃だが、上空からの絶景をカメラに収めるなら早朝発の小型セスナ機の遊覧飛行にぜひ乗りたい。

➕ モデルルート

日本とサンパウロ間は乗り継ぎも含めて最低でも25時間はかかる。北米乗り換えのほかヨーロッパ乗り換えの便も多い。2日目にはサンパウロで乗り換えてサン・ルイスまで行ける。3日目に起点となるバヘリーニャスまで行き、午後のツアーに参加。4日目の早朝に遊覧飛行で砂丘を眼下に収め、サン・ルイスに戻る。時間があればサン・ルイスの旧市街を散策後、飛行機でサンパウロへ。6～7日見ておけば行くことができる。

サンパウロ空港

幻の湖

21

3
天と地がぴったり合わさる奇跡の湖

ウユニ塩湖
Salar de Uyuni

ボリビア

鏡張りのようになった湖面がどこまでも続くウユニ塩湖の夕暮れ

雨が降った直後のわずかな時間に鏡のような湖面になる。運次第だけれど、雨期の2〜3月が狙い目だよ

1 ウユニ塩湖は自転車で旅行するサイクリスト憧れの地でもある 2 ウユニ湖北側のトゥヌパ火山麓の湖岸にフラミンゴが生息する 3 乾期になると干上がって湖面に塩の紋様ができる 4 4WD車で行くツアー。途中で降りて歩く時間もある 5 湖岸のコルチャニ村の近くでは塩を山型に積み上げて乾燥させている

雪原のように真っ白な湖面の乾期も美しい

中南米

TRAVEL PLAN

ウユニ塩湖

3

旅の目安

>>アメージング度
>>難度
>>予算

40万円〜 (大人1人あたりの予算)

ウユニ塩湖
(ボリビア)

アクセス

ボリビアの首都、ラ・パスまではアメリカで1回、南米で1回と少なくとも2回乗り換えが必要。ラ・パスからウユニまではバスで約10時間。飛行機の直行便もあるがスケジュールの遅延や運休もあり得るのでよく確認しよう。

ベストシーズン

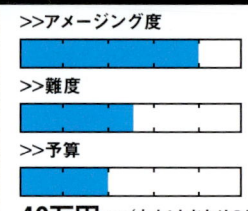

鏡のように反射する湖面は雨の降った後が狙い目

4〜11月の乾期は、特に冬は寒さが厳しく塩湖の上を車で行くことができるが、1〜2月の雨期は水が溜まって車で走行できない場合もある。しかし、==鏡のように反射する美しい湖面が見られるのは雨が降って乾燥する間のわずかなチャンス==なので、絶景を狙うなら雨期に行くのもおすすめだ。ただし見られるかどうかは運次第と言える。

旅のヒント

ウユニ塩湖は真っ白な塩原による==太陽の照り返しがきつい==ので、日焼け止めやサングラスなどの日焼けや乾燥対策は必須。==標高も3500m以上あるので==、冬の冷え込みも厳しい。夏は暑く、昼と夜の気温差が大きい。

ツアー情報

4WDのツアー車で塩湖を走る

日本発だとウユニ塩湖だけのツアーなら8日間。チチカカ湖へも行くツアーなら10日間ほどのツアーが各社より出ており、ウユニ塩湖の塩のホテルに泊まるツアーも多い。現地発着ツアーは、ウユニの町に無数にある旅行会社で申し込むことができる。1日ツアーはプラヤ・ブランカという塩のホテルで昼食をとり、サボテンが群生するインカ・ワシ島(別名魚の島)まで行って戻ってくる。1泊2日、2泊3日のツアーになるとトゥヌパ火山など周辺の見どころへも足を延ばす。

天と地がぴったり合わさる奇跡の湖

地平線まで続く一面の白銀世界のウユニ。かつて海底だったアンデス山脈が隆起した際に海水ごと持ち上げられて湖となった。降水量も少なく、流入する河川がないため、海水が干上がっていき、一面の大塩原となった。その面積は1万2000km²(琵琶湖の約18倍)ともいわれ、高低差が約50cmと世界でも類を見ない平らな場所として知られ、その絶景を一目見ようと世界中から観光客がやってくるボリビア随一の景勝地だ。湖のほとりにある村では今でも塩の採取が行われている。

ウユニ塩湖内にあるインカ・ワシ島

26

ウユニ塩湖
Salar de Uyuni

http://www.bolivia.travel（ボリビア観光局）

モデルルート

DAY 1,2 成田からマイアミ、リマ経由でラ・パスへ

PM9:00 乗り継ぎ時間も含めてラ・パスまでは日本から40時間以上かかることが多い。空港到着後、そのまま長距離バスターミナルへ移動し、ラ・パス発の夜行バスでウユニへ。

DAY 3 ウユニ塩湖のツアーで絶景トリック写真を撮る

AM10:00 ウユニに着いたらホテルにチェックインし、すぐにツアーに参加しよう。午前中はウユニの町の近くにある列車の墓場や塩の採掘場を見学。

塩や鉱石をチリへと運んでいた蒸気機関車が朽ちている列車の墓

AM12:00 塩でできたホテルでランチタイム

塩のテーブルセットでランチ

PM2:00 午後のフリータイム

ランチをとった塩のホテルからさらに進み、インカワシ島へと向かう。ここで自由時間があるので写真撮影をゆっくりできる。島にはトイレもある。

ソラノカガミミタイ

地平線を利用して色々なトリック写真が撮影できる。瓶など小物があると楽しい

PM5:00 ウユニの町に帰着。ツアーによってはトゥヌパ火山に行く場合もある。この場合、帰着の時間は遅くなる。

DAY 4 ツアー2日目はトゥヌパ火山へ

AM10:00 湖の北側にそびえる標高約5400mのトゥヌパ火山へ。

ノドカナケシキダネ！

トゥヌパ火山近くにいたリャマ

AM12:00 トゥヌパ火山から湖岸のフラミンゴの群れ

トゥヌパ火山の麓で昼食をとったらもう一度ウユニの絶景を堪能。運がよければフラミンゴの群れを湖岸に見ることができる。

乾期の場合、フラミンゴは火山近くの湖岸で見られることが多い

DAY 5,6 リマ、ダラス経由などで日本へ帰国

＋3DAYS

世界遺産のポトシとスクレへ

ポトシ銀山で有名なポトシへは、ウユニからバスで約6時間。大聖堂や旧造幣局などかつての栄華を伝えるコロニアル建築が多く残る美しい町だ。旧造幣局は博物館になっており、銀貨の刻印機などが展示されている。
また、かつてボリビアの首都だったスクレは白壁の建物が織りなす美しい街並みで知られている。ポトシからバスで約3時間で行くことができる。

ポトシの町

白壁の家が続くスクレ

\#塩湖

4 どこまでも深く！地球の裏まで潜ってみよ！

ブルーホール
Blue Hole

ベリーズ

バハマのディーンズ・ブルーホールの深さは約200m

1 バハマのロングアイランドにあるブルーホール。通称ディーンズ・ブルーホール 2 ブルーホールがあるライトハウスリーフ周辺はアカウミガメが多く生息している 3 世界第2位の珊瑚礁だけあって色々なサンゴがいる 4 チョウチョウウオやヒトデなど色とりどりの魚や珊瑚が海面のすぐ下に

いろんな魚が集まるサンゴ礁は海のオアシス

中南米

ブルーホール
Blue Hole

http://www.belize.jp（ベリーズ観光局）

TRAVEL PLAN

ブルーホール

世界遺産

4

どこまでも深く！
地球の裏まで潜ってみよ！

ベリーズ・バリアリーフは、オーストラリアのグレートバリアリーフに次ぐ規模の珊瑚礁群で世界遺産にも登録されている。青い海と珊瑚礁の緑のコントラストがことのほか美しいブルーホールは、海中にある巨大な鍾乳洞で、直径は300m以上、深さは約120m。氷河期の末期の海面が低い時期に形成が始まり、雨や風化によって石灰岩の地層が浸食され穴の部分が形成されていった。その後、海面が上昇し周囲に珊瑚が形成された。

ブルーホールと呼ばれる地形は世界中にあり、カリブ海では深さ約200mというバハマのディーンズ・ブルーホール（P.30 写真上）をはじめ、エジプトの紅海にあるダハブのほか、オーストラリアのグレートバリアリーフにあるブルーホールも有名だ。

旅の目安

>>アメージング度

>>難度

>>予算

50万円〜（大人1人あたりの予算）

ブルーホール（ベリーズ）

アクセス

ベリーズの中心都市、ベリーズ・シティへはヒューストンやダラスで乗り換えて日本から所要約20時間。ベリーズ・シティからダイビング客でにぎわうリゾートのキー・カーカーへはボートで約1時間、サン・ペドロへは約1時間30分。

ベストシーズン

1年を通じて温暖なのでダイビングはいつでもできる。雨の少ない乾期の11〜4月がハイシーズン。なお、6〜9月はハリケーンが起きることもある。

旅のヒント

観光目的でベリーズに入国する場合でもビザの取得が必須。空港で取得することはできないので、日本で前もって取得しておこう。詳細はP.295を参照。

ツアー情報

ダイビングを専門に扱う日本の旅行会社がブルーホールへのダイビングツアーを取り扱う。日本発の周遊ツアーはマヤ遺跡のみで海へは行かない。キー・カーカーやサン・ペドロからは現地発着のダイビングやスノーケリングツアーが出ている。上空からじっくりブルーホールを見るなら値段は高いがヘリコプターツアーに参加してみよう。

＋モデルルート

日本を出発して2日目にはベリーズ・シティ経由でキー・カーカーやサン・ペドロに着くことができる。時間があればアルトゥン・ハ遺跡などマヤ遺跡ツアーにも参加したい。およそ1週間ほどの旅程。

アルトゥン・ハ遺跡

#海中洞窟

5
大地を這う幾筋もの流れは恵みの大河に

アマゾン川
Amazon River

ブラジル／ペルー他

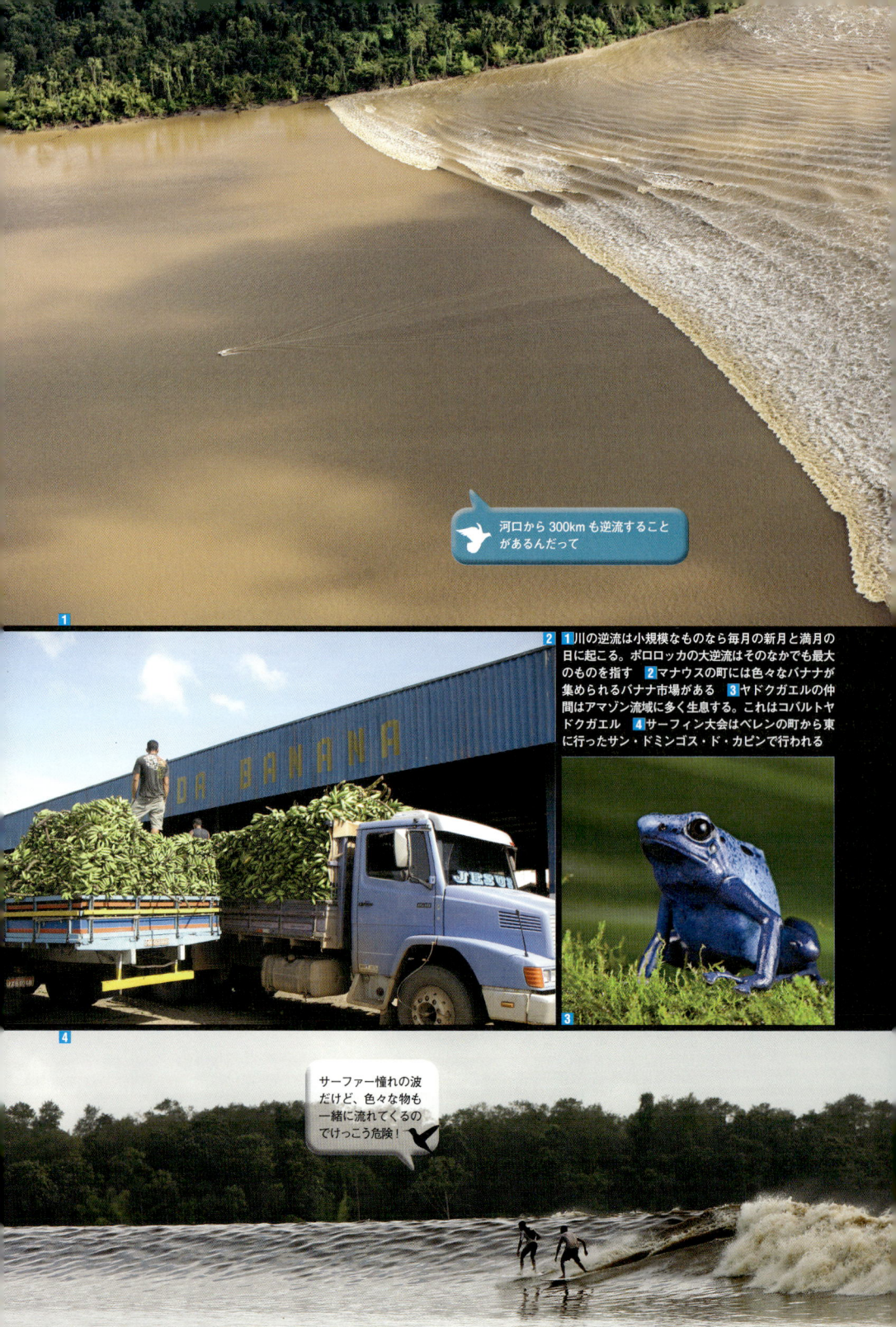

中南米

アマゾン川
Amazon River

http://www.visitbrasil.com（ブラジル観光省）

TRAVEL PLAN

アマゾン川

世界遺産

5

旅の目安
>>アメージング度
>>難度
>>予算
40万円〜（大人1人あたりの予算）

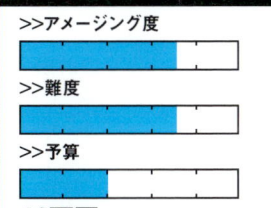

アマゾン川（ブラジル）

アクセス
ツアーの種類や宿泊施設が豊富なのは中流域にあるアマゾン川流域最大都市のマナウス。ポロロッカを狙うなら河口のベレンが起点。マチュピチュなどと一緒に回るならペルーのイキトスもおすすめ。マナウスへはサンパウロから飛行機で約4時間。ベレンへはリオ・デ・ジャ・ネイロから飛行機で約3時間40分。ベレン〜マナウス間は飛行機で約2時間だが、5日かけてアマゾン川を行き来する定期船も運航している。
イキトスへはペルーのリマから飛行機で1時間40分。

ベストシーズン
6〜11月の乾期には水位が下がり、12〜5月の雨期には水位が上がる。カヌーでジャングルの奥地にまで行く場合は水位が高い雨期が適しているほか、川幅も広がるのでアマゾンの偉大さを目にすることができる。

旅のヒント
ブラジルへの入国へはビザが必要。日本の領事館の連絡先はP.295を参照のこと。ジャングルツアーに参加するなら虫除けグッズや日焼け対策を念入りに準備したい。

ツアー情報
日本発着だとイグアスの滝などと一緒に回る10日間前後のツアーでマナウスでクルーズやピラニア釣りを楽しめる。現地発着ツアーはマナウスが一番種類が多く、宿泊できるジャングルロッジも色々。上流部の秘境イキトスでは蛇行するアマゾン川や世界最大のハスを見ることができる。

➕ **モデルルート**
日本を昼頃出発し、アメリカ経由で乗り継ぎがよければその日の内にマナウスに到着できる。マナウスのジャングルロッジに2〜3泊し、クルーズや釣り、動物観察を楽しむ。5日目に帰国すれば1週間の日程となる。

大地を這う幾筋もの流れは恵みの大河に

南米5ヵ国をまたにかけるアマゾン川の流域面積は700万km²とダントツで世界最大。流域の熱帯雨林には地球上でも類を見ない生態系が広がっている。
アマゾン川観光の拠点となるマナウスはゴムの生産で栄え、昭和初期に多くの日本人移民が入植した地。マナウスのすぐ近くにはネグロ川とリモンイス川が合流する二河川合流地点がある。また、アマゾン川の河口では2〜3月に川の水が逆流するポロロッカという現象が起こり、高さ約5mもの大波が押し寄せる。この波を求めて腕自慢のサーファーが集う。

マナウスの二河川合流地点を進むクルーズ船

\#大河　\#動植物

35

> ジェットエンジンの爆音と風を間近に感じられる

6
爆風とともに
ビキニ娘の頭上をかすめる旅客機

プリンセス・ジュリアナ国際空港
Princess Juliana Int' Airport

セント・マーチン

ビキニのお姉さんは耳を塞いでるし、子どもも怖がるほどの爆音だ

ビーチまでの距離は
なんと20m強！

1 空港近くのホテルは離発着を間近に眺められるだけあって、航空機ファンに人気 **2** フランス領とオランダ領の両方にまたがるシンプソンベイのラグーン **3** 白砂のビーチが延びるロングビーチはセントマーチン島随一の美しさ **4** 離発着時のジェット機の熱風は大変危険ですという注意書き

DANGER
Jet blast of departing and arriving aircraft can cause severe physical harm resulting in extreme bodily harm and/or death

白砂のロングビーチは空港からも近い

中南米

プリンセス・ジュリアナ国際空港
Prinnes Juliana International Airport

http://www.sxmairport.com（公式サイト）

TRAVEL PLAN
プリンセス・ジュリアナ国際空港

6

旅の目安
>>アメージング度
>>難度
>>予算

30万円～ （大人1人あたりの予算）

プリンセス・ジュリアナ国際空港（セント・マーチン）

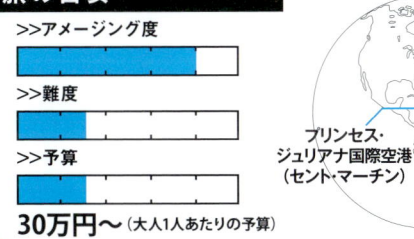

アクセス
アメリカ経由とヨーロッパ経由があり、アメリカ（ニューヨークやマイアミなど）経由の場合最低でも1回乗り換えで最短でも20時間。ヨーロッパ経由の場合は30時間前後かかる。ニューヨークを拠点とする格安航空会社の便をうまく使えば日本からかなり安く行くことができる。

ベストシーズン
1年を通して温暖な気候。ハイシーズンの乾期は12～4月。雨期は5～11月。プリンセス・ジュリアナ国際空港は1日中大型機が離発着しているわけではなく、パリやマイアミからの大型機は大体午後2:00～3:00ぐらいに着陸する。スケジュールは空港の公式HPで調べてみよう。

旅のヒント
オランダ領の通貨はアンティリアン・ギルダー、フランス領の通貨はユーロだが、どちらでも米ドルが流通。行き来に入国審査はなく、英語もよく通じる。

ツアー情報
マホ・ベイ・ビーチのホテルに泊まるツアーが日本から出ている。豪華客船で回るカリブ海クルーズで立ち寄ることもある。現地発着では島内の見どころを巡るツアーのほか、各種マリンスポーツももちろん楽しめる。

爆風とともにビキニ娘の頭上をかすめる旅客機

プリンセス・ジュリアナ国際空港はバカンス客でにぎわうマホ・ベイのビーチの上空すれすれ（20～30m）を大型機が飛んでいく世界でも指折りの危険な空港。セントマーチン島で唯一の国際空港として表玄関の役割を担う。アメリカの主要航空会社のほか、オランダ、フランスからの便も多く発着している。

カリブ海に浮かぶセント・マーチン島の北半分はフランスの自治領（サン・マルタン）、南半分はオランダの自治領（シント・マールテン）となっている。元々はスペイン領の島だったが、スペインが放棄した後、フランスとオランダに加えてイギリスが17世紀中頃から150年以上にもわたって争い続け、1815年のパリ条約でようやく現在のように島の南北でオランダとフランスが二分する形となった。

➕ モデルルート

乗り換えの比較的よいニューヨーク経由で往復に3日、さらに現地での滞在に2～3日をみておけば5～6日あれば十分。フランス側にあるグルメ村で南国フレンチを楽しんだり、オランダ側ではショッピングを楽しんだりと空港以外にも楽しみ方は色々ある。

滑走路の横がホテルのプール

#ビーチ

地上からセノーテに差し込む光がカーテンのよう

グランセノーテでは体験ダイブもできるから、未経験でも潜れる

7

マヤの雨神に捧げられた
鍾乳洞が沈む神秘の洞穴

セノーテ
Cenote

メキシコ

鍾乳石とエメラルドグリーンの水面がミステリアスな雰囲気

セノーテ
Cenote

洞窟のような通路を抜けて底まで行く。滑りやすいので気を付けて

階段の上はダイブスポット。高さ5mぐらいだけど、けっこうコワイ

2 左頁：グランセノーテの北にあるアクトゥン・チェンのセノーテでは鍾乳洞の中に潜ることができる　1 チチェン・イツァー近くのイク・キルのセノーテ　2 グランセノーテではスノーケリングでも神秘の世界を体験できる　3 グランセノーテの最大水深は約10m。届く光も少ない　4 グランセノーテの水面近くにはカラフルな水草が浮いている

中南米

TRAVEL PLAN
セノーテ

旅の目安
>>アメージング度
>>難度
>>予算

30万円〜（大人1人あたりの予算）

セノーテ（メキシコ）

7

マヤの雨神に捧げられた鍾乳洞が沈む神秘の洞穴

セノーテとはユカタン半島に点在する自然が作り出した井戸のこと。石灰岩の地層が氷河期に浸食されて洞窟となり、その後の地下水の上昇によって地下を流れる河川となった。その河川の上部に何らかの力（巨大隕石の衝突なども一因とされる）が加わり、穴が開くことによって井戸状になった。
聖なる泉こと、セノーテはチチェン・イツァーの語源にもなっているほどマヤの人たちの暮らしに深く結びついており、真水をたたえるセノーテは重要な水源だった。また、セノーテには雨の神チャックが住むと信じられ、日照りが続く時期には乙女が井戸に生け贄として捧げられたのではと噂されていた。20世紀初頭に行われた調査では井戸の底から数多くの装飾品に加え、子どもの骨も多数発見されたという。

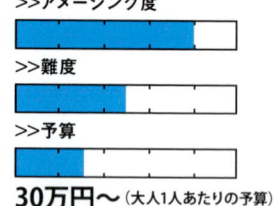

アクセス

セノーテがあるチチェン・イツァー遺跡への拠点、カンクンはメキシコ、カリブ海を代表する一大リゾート地。日本からは直行便こそないが、ダラスやヒューストン、ロサンゼルスの乗り換えで行くことができる。乗り継ぎも悪くないので、乗り換え時間も含めて17〜20時間ほど。

ダラスのフォートワース空港は日本便との接続が比較的よい

ベストシーズン

年間を通して温かく、雨期でもスコールが降る程度なのでいつ行ってもベストシーズンといえる。ちなみにユカタン半島の雨期は9〜11月。観光客が少ない、神秘的なセノーテの雰囲気を味わいたいなら欧米のバカンスシーズンを外したオフシーズンも狙い目だ。セノーテの水は地下水なので夏でもひんやりしている。

旅のヒント

セノーテがあるチチェン・イツァー遺跡は日差しをさえぎるものがないため、日除けや日焼け対策は必須。いつスコールに降られてもいいように雨具の準備も忘れずに。セノーテで泳ぎたい人は水着を下に着込んでおくのも手。グランセノーテでスノーケリングを楽しむ場合はウエットスーツも手配しておこう。

チチェン・イツァーの遺跡は広大な敷地に広がるので日除けと水分補給を忘れずに

ツアー情報

カンクンのホテルと往復航空券がセットになったリゾート滞在のツアーとテオティワカンやウシュマルなどを周遊する遺跡メインのツアーがある。カンクン発着のチチェン・イツァーのツアーやシアン・カンへ行くツアーに参加すれば、セノーテで泳ぐことができる。

カンクンのビーチ

44

セノーテ
Cenote

http://www.visitmexico.com（メキシコ観光局）

モデルルート

DAY 1 成田からダラス経由などでカンクンへ

PM3:00 カンクンのホテルへ
日本を昼前に出発する便でダラスで乗り換えれば15:00過ぎにはカンクンに到着。

細長いラグーンに沿ってリゾートホテルが立ち並ぶ

DAY 2 階段ピラミッドに登りセノーテで泳ぐ1日ツアー

AM7:00 チチェン・イツァー遺跡へ
カンクンからチチェン・イツァーまで片道約2時間。到着したら博物館を抜けて南側の神殿から見学スタート。

チョットコワイネ

ドクロのレリーフがびっしりと彫られた生け贄の台座

AM9:15 階段ピラミッドに登頂
階段ピラミッドことエル・カスティージョは、91段の階段を登って行く。

暑い天気の中91段の石段を登るのはけっこうつらい

AM10:00 戦士の神殿とセノーテ
遺跡敷地内にあるセノーテはチチェン・イツァー遺跡の中心となっていた本物のセノーテ。こちらでは泳ぐのは禁止されている。

生け贄の心臓を載せておく台は戦士の神殿の頂にある

色々な供物が底から見つかったセノーテ

PM0:30 イク・キルのセノーテで泳いでリフレッシュ
遺跡観光で汗だくになった体はイク・キルのセノーテで泳いでさっぱり。

ひんやりと冷たい水が気持ちいい

PM2:00 ランチタイムの後、カンクンのホテルへ

DAY 3 世界遺産シアン・カンとグランセノーテへ

AM7:00 エメラルドグリーンのシアン・カンへ
透明度の高いエメラルドグリーンの浅瀬とマングローブの林が広がるシアン・カンにはさまざまな植物や動物が生息する自然遺産。

ボートに乗り換えて浅瀬を進んでいく

PM1:00 幻想的な青の洞窟、グランセノーテに飛び込む
水温が低いので、ウエットスーツをレンタルするか、ツアー代に含まれているかを確認しよう。ダイビングもアレンジ可能。神秘的な世界を体験したらランチを食べてホテルへ帰着。 

ツメタクテキモチヨサソウ

DAY 4,5 ダラス乗り換えで帰国

カンクンではパラセイリングやドルフィンスイム、無人島へのクルーズなどマリンアクティビティが実に豊富。できればもう何日か滞在してカリビアンリゾートを満喫したい。

\#水中洞窟

45

8

南米最南端、
気高きパタゴニアの峰を制す

トーレス・デル・パイネ
Torres del Paine

チリ

この尖った峰々が
トーレス・デル・パ
イネ

ノルデンフェール湖を渡るグアナコ。リャマやアルパカと同じラクダ科の動物

[1] 公園のほぼ中央にあるノルデンフェール湖から見たパイネの山々 [2] ペオエ湖と湖に浮かぶラバ島を結ぶ橋 [3] 湖とパイネ山系の絶景が望めるペオエ・ホテルは3つ星の小さな宿 [4] パイネの滝へは公園入口のバス停から北に歩いていくとたどりつける

> ペオエ湖のホテルは料金は高いが、窓から絶景が楽しめる人気の宿だ

> パイネ川が蛇行している所にいくつか滝がある

> パイネの滝はツアーの行程に入っていないから訪れる人も少ない穴場

中南米

トーレス・デル・パイネ
Torres del Paine

http://www.torresdelpaine.com（公式サイト）

TRAVEL PLAN

トーレス・デル・パイネ

8

旅の目安
>> アメージング度
>> 難度
>> 予算

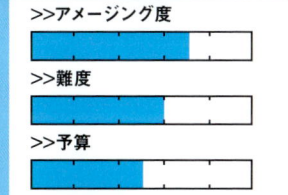

50万円～（大人1人あたりの予算）

トーレス・デル・パイネ（チリ）

アクセス
日本からアメリカ乗り換えでチリのサンティアゴまで最短でも約26時間。そこから国内線に乗り換えてプンタアレーナスまで約3時間30分。空港でバスに乗り換えてパイネ国立公園への起点、プエルト・ナタレスまで約3時間。

ベストシーズン
12～3月にかけての夏期がベストシーズン。ただし、パイネ国立公園は天候が変わりやすく、強風が吹くことが多いので、雨具やアウトドアジャケットなどの用意を。

旅のヒント
プエルト・ナタレスから国立公園に行くバスは3社ほどあるが、それぞれ往復2便ほどと少ないので、戻りの時間をきちんと確認しておこう。

ツアー情報
日本からは9～10日前後のツアーが出ているが、ロス・グラシアレス（→ P.50）やウシュアイアなどを回るツアーの方が多い。
現地発着では観光の起点となるプエルト・ナタレスから日帰りツアーが出ている。時間と体力があればレフヒオと呼ばれる山小屋に泊まってトーレス・デル・パイネの直下まで行き、そびえ立つ峰を見上げてみたい。

国立公園入口近くにあるホテル

＋ モデルルート
パイネ国立公園だけなら日本からの往復も含めて1週間。ペリト・モレノ氷河などロス・グラシアレス（→ P.50）も含めると10日間、最南端のウシュアイアまで行くと2週間程度の旅程。

ロス・グラシアレスの起点、エル・カラファテへはバスで約5時間

南米最南端、気高きパタゴニアの峰を制す

チリ南部、パタゴニア地方に位置する国立公園で総面積は約1800km²。ステップ草原とマゼラン亜寒帯林の境目にあたるため、多様な動植物を目にすることができる。公園の名前にもなっているトーレス・デル・パイネは、高さ3000m級の塔（スペイン語でトーレ）のように切り立った岩峰。公園内はトレッキングルートやレフヒオと呼ばれる山小屋などが整備されており、一通りの主要ルートを巡るだけでも数日はかかる。

ペオエ湖など公園内の湖は船で渡れる箇所もある

#湖　#山岳

9
海面が揺れる巨大な氷河の崩落を目の当たりに！

ロス・グラシアレス
Los Glaciares

アルゼンチン

ウプサラ氷河の長さは約60km。南米で2番目の長さ

スウェーデンのウプサラ大学が20世紀初めに調査したのが名前の由来

氷河の奥に見える山は左側がモレノ山で右がネグロ山

展望台から見えるペリト・モレノ氷河の景色がこちら

ロス・グラシアレス
Los Glaciares

自然が作り出した氷河のアーチ

左頁：ペリト・モレノ氷河は崩落がよく起こることでも有名 ❶氷河のアーチはペリト・モレノ氷河にあったが2013年に崩落してしまった ❷ものすごい轟音を立てて崩落する氷河 ❸ペリト・モレノ氷河から崩落した氷山 ❹氷河のエネルギーで圧縮され、不純物が少ないので、透き通った青色に見える

53

中南米

TRAVEL PLAN
ロス・グラシアレス

世界遺産

9

旅の目安
>>アメージング度
>>難度
>>予算

40万円〜 （大人1人あたりの予算）

ロス・グラシアレス国立公園（アルゼンチン）

アクセス
日本からアメリカやヨーロッパ経由でアルゼンチンの首都、ブエノスアイレスへ。飛行機を乗り継ぎ、ロス・グラシアレス国立公園の起点となるエル・カラファテまで約3時間30分。トレッキング基地のエル・チャルテンへはそこからバスでさらに約4時間ほど。

ベストシーズン
ベストシーズンは12〜3月の夏期。真夏にあたる1月や2月に氷河の崩落も比較的起こりやすく、トレッキングもこの時期は色々な植物が観察できるのでおすすめだ。

氷河に近づくクルーズ船

旅のヒント
真夏のシーズン中は気温がかなり上がるが、氷河クルーズに参加するときは、氷からの寒風が吹いて寒いので上着の用意を。トレッキングに参加する場合もアウトドアジャケットやトレッキングシューズなどのアウトドアギアを用意しておきたい。

氷河トレッキングではアイゼンを付けて歩く。アイゼンはツアー参加時に支給されるので、持参しなくてもよい

ツアー情報
日本発でペリト・モレノ氷河、ウプサラ氷河をクルーズ船で観光するツアーは8日間。最南端のウシュアイアへも行くツアーは10〜11日間の日程。

柵越しでも迫力満点

観光の起点、エル・カラファテからの現地発着の場合、ペリト・モレノ氷河へは、バスで近くまで行き柵越しに氷河を眺めるツアーのほか、クルーズや氷河トレッキングや氷河クライミングなど色々。エル・チャルテンからはトレッキングのほか乗馬などのツアーがアレンジ可能。

海面が揺れる巨大な氷河の崩落を目の当たりに!

スペイン語で「氷河（英語のGlacier）」を意味するロス・グラシアレス国立公園は、南極、グリーンランドに次ぐ規模でチリとアルゼンチンにまたがる南パタゴニア氷原の一角をなしている。有名なペリト・モレノ氷河をはじめ、ウプサラ氷河やスペガッツィーニ氷河など多くの巨大氷河が点在している。

氷河は少しずつ動いている。アイスランドの氷河は一説では1年間で10mという距離に対し、ペリト・モレノ氷河などは1日で2mという速度だ。これは偏西風による多量の降雪と、冬の平均気温が高く、氷河の形成と融解のサイクルが他地域の氷河と比べて早いからだ。そのため氷河の先端部では、地響きのような轟音をあげて巨大な氷塊が湖へと落ちていくダイナミックな光景をひんぱんに目にすることができる。

ロス・グラシアレス
Los Glaciares

http://www.losglaciares.com（公式サイト）

モデルルート

DAY 1,2 成田からアメリカ経由でブエノスアイレスへ

AM7:00 エル・カラファテへ

ブエノスアイレスからエル・カラファテへの定期便は7:00～8:00に2便ほど。深夜や早朝着の場合は乗り継げるが、そうでない場合は市内で1泊する。

ブエノスアイレスのエセイサ空港

PM0:00 ホテルにチェックインして午後のツアーに参加

ペリト・モレノ氷河へクルーズなら半日程度のミニクルーズも出ているほか、バスツアーも午後の便が出ている。

DAY 3 氷河を歩いて触れるトレッキングツアーに参加

AM7:00

ペリト・モレノ氷河のトレッキングコース入口までは船で移動。その後アイゼンを履いてトレッキングに出発。氷河を少しだけ歩くミニトレッキングのコース（ミニ・アイス）と5時間程度氷河を歩くプラン（ビッグ・アイス）の2種類がある。ランチは氷河の上で食べることもある。エル・カラファテの宿泊ホテルまで送迎あり。

スベリヤスイカラキヲツケテ

ガイドに従って氷河の上を一列で歩いていく

DAY 4 1日クルーズで色々な氷河を満喫

AM9:00

ペリト・モレノ氷河のほか、ウプサラ氷河やオネージ湖、スペガッツィーニ氷河などを巡る1日クルーズで色々な氷河を見比べてみよう。エル・カラファテへの戻りは16:00頃。夕方のバスでトレッキングの起点、エル・チャルテンへ移動。

スペガッツィーニ氷河

DAY 5 エル・チャルテンからフィッツロイ山の絶景を眺める

AM8:00

エル・チャルテンから1日トレッキングツアーに参加。ロス・トレス湖から真上に見上げるフィッツロイ山の雄姿を眺める。片道5時間のコースだ。

ロス・トレス湖とフィッツロイ山

DAY 6 エル・カラファテからブエノスアイレスへ

AM7:30

朝一番のバスでエル・カラファテへ戻れば夕方発の飛行機の便には十分間に合う。夜発の便なら乗り継ぎできるが、間に合わない場合は市内のホテルで1泊。

DAY 7,8 ブエノスアイレスから日本へ帰国

+ 4 DAYS

最南端の町、ウシュアイアへ

エル・カラファテから飛行機で世界最南端の都市、ウシュアイアまで約1時間15分。南極圏の近く、フエゴ島に位置するウシュアイアの町は太平洋と大西洋を結ぶビーグル水道に面している。ウシュアイアでの人気アトラクション、ビーグル水道へのクルーズだ。ペンギンの生息地やアシカの仲間のオタリアを見ることができる。ツアーによってはフエゴ島のハーバートン牧場を訪ね、ティータイムを楽しめる。

オタリアの群れ　　マゼランペンギン

#氷河　#湖　#山岳

COLUMN_01

洞窟には旅心を惹きつける何かが潜んでいる

10
マーブル・カテドラル

Marble Cathedral >> チリ
ロケーション▶首都サンティアゴから南へ約1300kmのコイアイケが起点。そこからレンタカーなどで南へ320kmほど行ったヘネラル・カレーラ湖にある。湖のほとりにあるリオ・プエルト・トランキロという小さな港町からボートツアーで洞窟まで行くことができる。　旅のウンチク▶湖はアルゼンチン側にも続いており、ブエノス・アイレス湖と呼ばれている。

深く狭い洞窟。世界の果てまで、地球の裏側まで続いているかのような神秘の入口。洞窟は冒険・探検の基本であり、探究心のはじまりといっていい。チリとアルゼンチンにまたがるヘネラル・カレーラ湖は、チリで最大の湖。最大水深が約590mという南米で最も深い湖だ。この湖の西側の岬部分にある洞窟がマーブル・カテドラル。大聖堂のドームとも言うべき洞窟は、湖の水が天然の大理石の岩を浸食してできた。石灰分を多く含んだ水が太陽の光を反射し、一面を荘厳なコバルトブルーの世界に映し出している。探検という人間の業を映しだす神の領域。それがマーブル・カテドラルだ。

11	ラリベラ	
	エチオピア	P.58
12	ダロル	
	エチオピア	P.62
13	キリマンジャロ山	
	タンザニア/ケニア	P.66
14	ペトラ	
	ヨルダン	P.72
15	死海	
	イスラエル/ヨルダン	P.76
16	ネゲヴ砂漠	
	イスラエル	P.80
17	ギザのピラミッド	
	エジプト	P.84
18	ラック・ローズ	
	セネガル	P.88
19	バオバブの並木道	
	マダガスカル	P.92
20	ソッサスブレイ	
	ナミビア	P.98
21	【コラム】白砂漠	
	エジプト	P.102

中近東 アフリカ
Middle East and Africa
WONDER SPOT

ゲオルギウス教会はラリベラで保存状態が一番よい

ほかに11ある教会とは少し離れた場所にあるけど、地下道でそれぞれつながっている

11 土中に掘られた不思議なキリスト教会

ラリベラ
Lalibela

エチオピア

馬に乗って龍退治の絵柄で有名な聖ゲオルギウス(英語でジョージ)

1 ゲオルギウス教会の内部。頼めば壁画などを色々見せてくれる(謝礼が必要) 2 エマニュエル教会はザグウェ王家の礼拝堂だった神聖な場所 3 世界救世主教会は一枚岩で造られた世界最大の教会 4 ラリベラで最も有名なゲオルギウス教会。王の夢に聖人ゲオルギウスが出てきて建立を進言したという言い伝えがある

ゲオルギウス教会を真上から見ると十字架の形

ティムカット祭にやってきた巡礼客がたくさん!

中近東 アフリカ

ラリベラ
Lalibela

http://www.tourismethiopia.gov.et （エチオピア文化観光省）

TRAVEL PLAN
ラリベラ

世界遺産

11

旅の目安

>> アメージング度
>> 難度
>> 予算

40万円〜（大人1人あたりの予算）

ラリベラ（エチオピア）★

アクセス

広州やバンコク、ドーハ乗り換えでアディスアベバまで行ける。エチオピアは道路事情が悪いので、移動は飛行機が便利。アディスアベバ→ラリベラ→ゴンダール→アクスムと進む周遊便を活用すれば移動はスムーズだ。

ベストシーズン

乾期にあたる10〜3月がベスト。1月のクリスマスやティムカットという祭事には多くの巡礼客でにぎわう。

旅のヒント

エチオピア入国には観光目的でもビザが必要。到着時に空港でも取得できるが、前もって日本で取得していく方が安心。教会内部は土足厳禁。内部はあまりきれいではないので、汚れてもよい靴下を見学用に用意しておくとよい。靴の預かり代や内部を案内してもらったら心付けを。教会内は湿気が高く、ノミやダニもいるので、肌の露出した服装での見学はおすすめできない。

ツアー情報

ラリベラのほか、ゴンダールやアクスムなどの世界遺産や青ナイルの源流、バハルダールなどと一緒に巡る9〜10日間のツアーが少ないながらも出ている。

世界遺産ゴンダールの城

＋ モデルルート

日本を夕方に出て、バンコクまたは広州経由でアディスアベバには翌朝に到着。7:00台のラリベラ行きの周遊便に間に合わないこともあるので初日はアディスアベバで1泊し、3日目の朝にラリベラ行きに乗る。4日目にラリベラからアクスムへ移動、5日目はアクスムからゴンダールへそれぞれ飛行機で移動する。6日目にアディスアベバに戻り、日本行きの夕方便に乗れば7日目の夕方頃に日本へ戻れる。

土中に掘られた
不思議なキリスト教会

シバの女王とソロモン王の間に生まれたメネリク王が伝説上の建国の祖とされるエチオピアは、長い歴史をもつ国。紀元前5世紀に興ったアクスム王国はインド洋の交易で繁栄し、4世紀にはエジプトからコプト派のキリスト教が伝来した。その後、カトリックや東方教会といった主要派とは一線を画し、独自のキリスト教文化を発展させていった。
ラリベラの教会群が建造されたのは12〜13世紀のこと。聖地エルサレムがイスラム教徒の手にあり、巡礼が困難になったことから、当時の王、ゲブレ・メスケル・ラリベラがエルサレムやベツレヘムをイメージした教会群を建築させた。それぞれの教会はイエス生誕の馬小屋や磔刑のゴルゴダなど聖書の場面が表されており、聖地の巡礼体験ができる仕組みだ。

＃宗教　＃建築

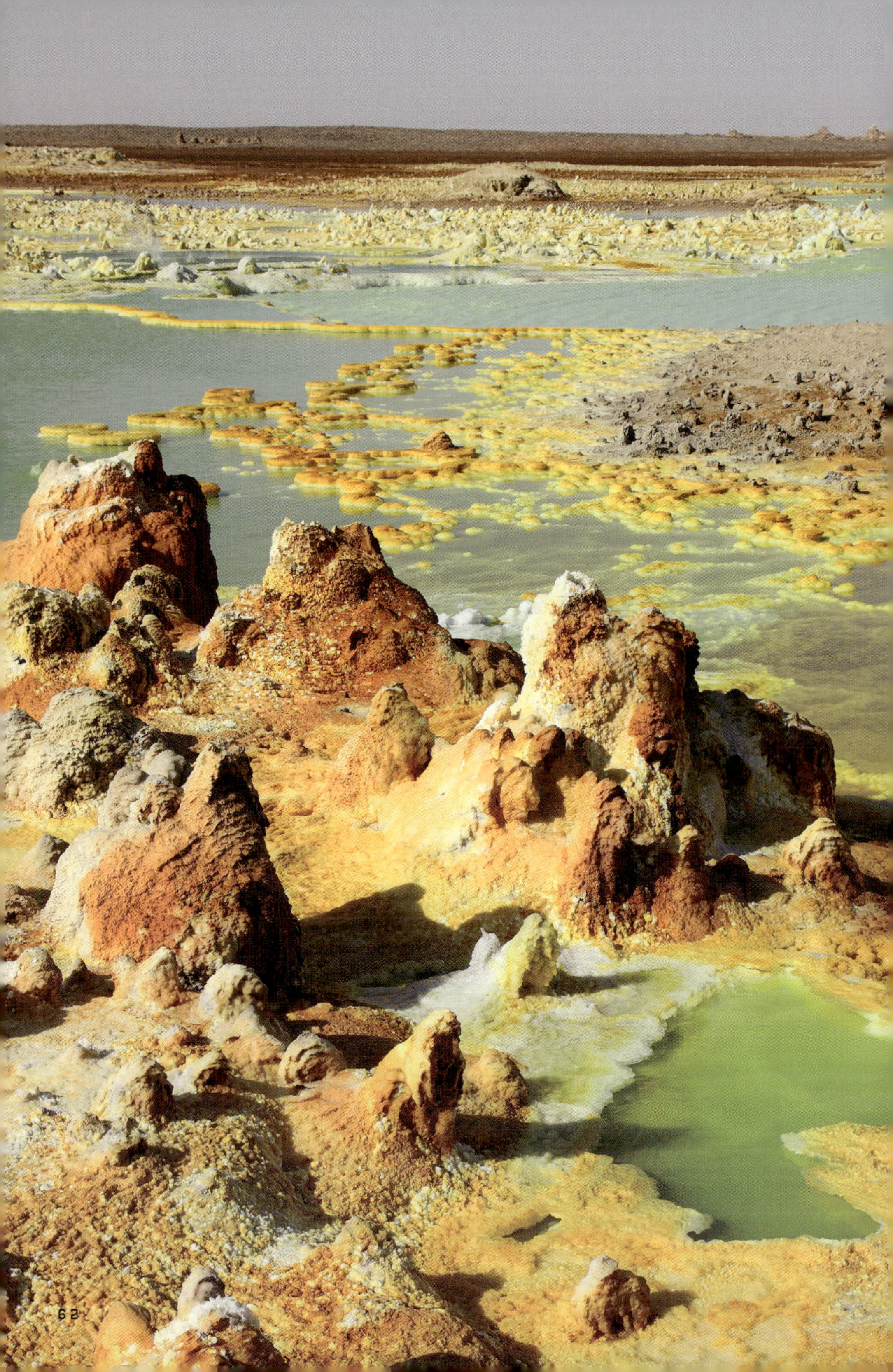

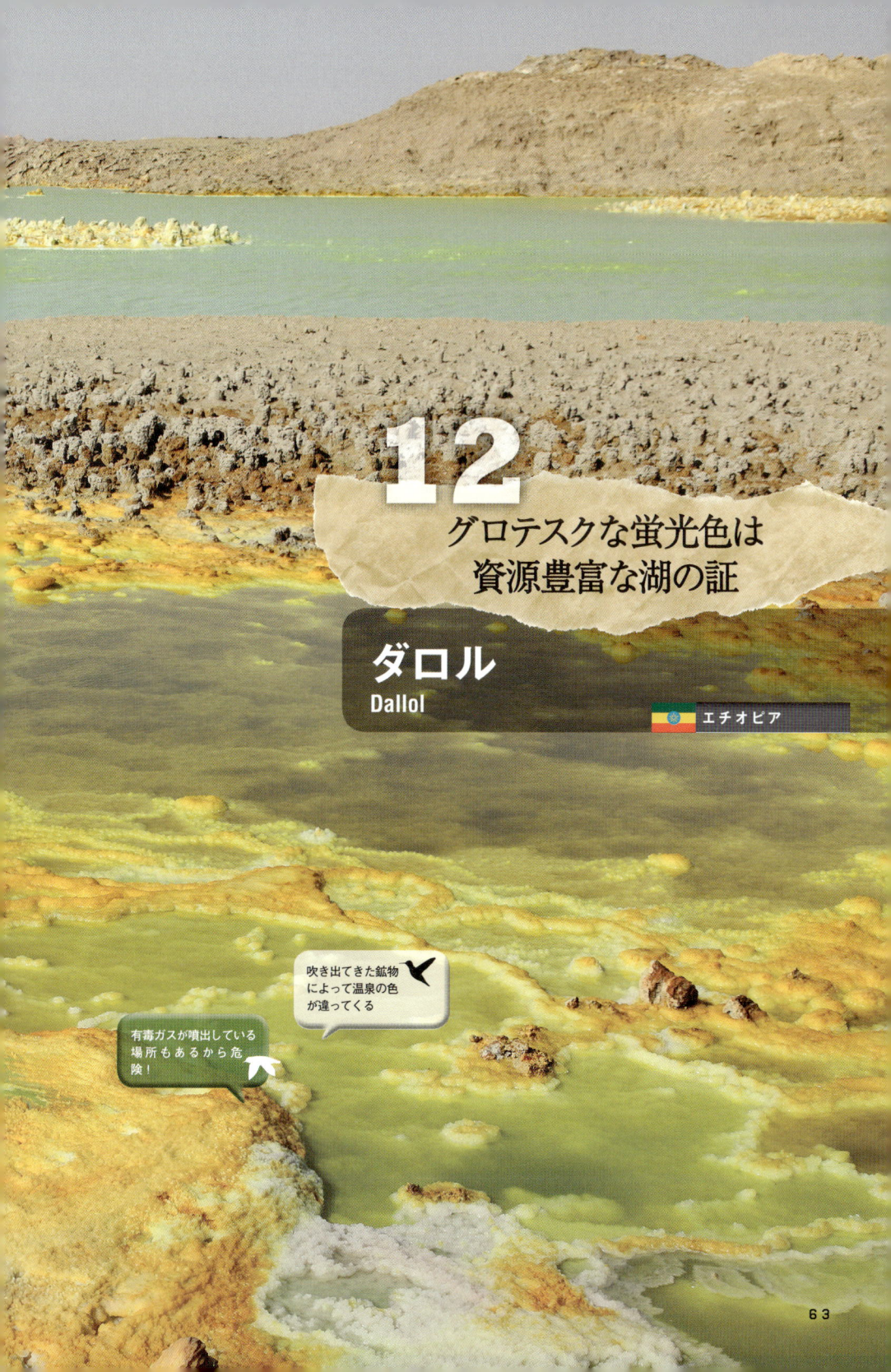

12
グロテスクな蛍光色は資源豊富な湖の証

ダロル
Dallol

エチオピア

> 吹き出てきた鉱物によって温泉の色が違ってくる

> 有毒ガスが噴出している場所もあるから危険！

1 硫黄などの噴出物によって鮮やかなグリーンやオレンジの石灰棚ができあがった　2 ダロルの火山帯は数百万年前にアフリカの大地溝帯の活動によって地盤が引き延ばされて海抜下100m以上という低地となった。

火山活動によって隆起した塩分や鉱物によって赤茶けた大地が広がる

流出した塩分が幾層にも重なって山のようになった

中近東 アフリカ

ダロル
Dallol

TRAVEL PLAN
ダロル

12

http://www.tourismethiopia.gov.et（エチオピア文化観光省）

旅の目安
>>アメージング度
>>難度
>>予算

60万円〜（大人1人あたりの予算）

ダロル（エチオピア）

アクセス
交通インフラの進んでいないエチオピアで、僻地のダロルへの公共交通機関はない。起点となるメケレの町へはアディスアベバから飛行機の便がある。

ベストシーズン
ダロル火山周辺は夏は50℃を軽く越える。観光に適しているといわれる冬期の12〜2月でも30℃は軽く超える。過酷な気候条件に適応できる服装に加え、キャンプ用の食料も用意しておきたい。

旅のヒント
ラリベラ（→P.58）と同様、エチオピアの入国には観光目的でもビザが必要。空港到着時でも取得できるが、時間に余裕があれば日本で取得していきたい。

ツアー情報
日本からエチオピアへ行くツアーは数少ない上、ラリベラなどの遺跡を周遊するツアーのみ。メケレでツアーをアレンジしても往復で最低6日間はかかる。道なき砂漠を行くため、ガイド、運転手はもちろん4WDが2台（1台が動けなくなったときに牽引するため）に加え、隣国エリトリアとの軍事的緊張状態にあるため（2013年8月現在、日本の外務省からは「退避を勧告します」が発令されている）、護衛の兵も帯同する。そのためツアー代金もかなり高額になる。

＋モデルルート
アディスアベバの旅行代理店に連絡をとってツアーをアレンジしてもらうのが無難。大体8日間ぐらいのツアーの内5〜6泊はキャンプでの宿泊なので、アウトドア用品や保存食などを一通り準備していくのが安心だ。

グロテスクな蛍光色は資源豊富な湖の証

エチオピア北部にあるダロル火山は、海抜下にあるダナキル低地にあり、地球上で唯一火山の火口が海抜以下に位置するという土地。年間を通した平均気温が35℃という地球上で最も暑い地だ。
火口から湧き出る温水が硫黄や塩と混ざり合い、地球上とは思えないカラフルで独特な光景を作り上げている。
ダロルではソマリアやエリトリアにもまたがって居住するアファル人によって塩の採取が続けられている。

ダロル周辺で暮らしているアファル人

＃火山　＃塩湖

65

13

サバンナを見守る
世界最高の独立峰

キリマンジャロ山
Mount Kilimanjaro

タンザニア／ケニア

朝焼けの雲海からキリマンジャロの平らな頂が見える

キリマンジャロの雄姿はケニア側のアンボセリ国立公園から見るのが最高！

1 アンボセリ国立公園の湿地帯にゾウなど大型動物が集まってくる 2 キリマンジャロ山頂のクレーターには氷河が残っているが、温暖化により規模が徐々に小さくなっている 3 キリマンジャロ山の麓を疾走するダチョウの群れ 4 比較的平坦な道が続くキリマンジャロの登山道だが、途中のキャンプで高地順応をしながら高度を徐々に上げていく

マチャメルートの登山道から見たキボ峰

キリマンジャロ山
Mount Kilimanjaro

アンボセリ国立公園は文豪ヘミングウェイがこよなく愛し、ハンティングを楽しんだ場所。

国立公園内にある湿地帯はキリマンジャロの雪解け水からできる

中近東 アフリカ

TRAVEL PLAN
キリマンジャロ山

世界遺産

13

旅の目安
>>アメージング度
>>難度
>>予算
30万円〜（大人1人あたりの予算）

キリマンジャロ山（タンザニア）

アクセス
キリマンジャロ登山の基地となるタンザニアのモシへはドーハを経由してキリマンジャロ国際空港へ行くのが最短コース。==キリマンジャロ山が美しく見えるアンボセリ国立公園==へは、ケニアのナイロビから飛行機で約40分。

ベストシーズン
3〜5月と11〜12月が雨期なのでゴールデンウィークと年末年始とかぶってしまう。晴天の==下動物とキリマンジャロの雄姿をカメラに収めるなら乾期を狙って行こう。==
キリマンジャロ登山は年間を通じて可能だが、1〜2月と9月前後が天候も安定しているため、登頂に最も適している。

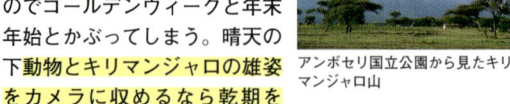

アンボセリ国立公園から見たキリマンジャロ山

旅のヒント
タンザニア、ケニアともに観光目的の入国でもビザが必要。どちらも空港で取得することができるが、可能なら日本で取得していくのが望ましい。なお、ケニアに最初に入国した場合、隣国のタンザニア、ウガンダを往き来する場合はビザの再取得の必要はない。
また、ケニア、タンザニアともに入国時に予防接種証明書（イエローカード）の提示を求められる場合があるので、日本で黄熱病の予防接種を受けておこう。詳しくは厚生労働省のHP（http://www.forth.go.jp）を参照。

ツアー情報
ケニアのアンボセリ国立公園を含むツアーは各社から出ており、タンザニアのセレンゲティ国立公園やンゴロンゴロ保全地域でもサファリツアーを楽しめる8〜10日間のツアーが人気。

頂上付近には多くのテントが並ぶ

サバンナを見守る
世界最高の独立峰

タンザニア北東部、ケニアとの国境近くに位置するキリマンジャロ山の標高は5895m。アフリカ大陸最高峰であり、山脈に属さない独立した山では世界最高峰を誇る。赤道直下という熱帯に位置しながら万年雪を頂くキリマンジャロ山は、標高によって植物相が異なる。裾野にはサバンナの平原が広がり、コーヒーの栽培もさかんだ。その上は森林地帯が広がり、標高4400m以上は草木一本生えない世界が広がる。山頂近くには氷河も残る。キリマンジャロ山の周囲は国立公園に指定されており、世界遺産にも登録されている。登山ルートが整備されており、難易度もそれほど高くないため、世界中から多くの登山客が訪れる。登頂はしなくても、山の雄姿はケニア側のアンボセリ国立公園からよく見える。

70

キリマンジャロ山
Mount Kilimanjaro

http://www.tanzaniaparks.com (タンザニア国立公園局)
http://www.kws.org (ケニア野生生物局)

モデルルート

DAY 1　成田からドバイ経由でナイロビへ

PM4:00　ナイロビ市内のホテルへ
成田発の夜便で、ドバイで乗り換えれば午後にはナイロビのケニヤッタ空港に到着。ナイロビ市内は治安が悪いのでホテルから出歩かないようにしよう。

DAY 2　ナイロビから飛行機でアンボセリ国立公園へ

AM7:30
アンボセリ行きの飛行機はウィルソン空港から発着。そのままサファリツアーに参加し、国立公園内のロッジへチェックイン。翌日に備えて早めに寝よう。

DAY 3　早起きして朝焼けのキリマンジャロ山を

AM4:00
朝焼けのキリマンジャロ山の絶景を見る。サバンナの地平線から登る太陽も絶景だ。

朝焼けのキリマンジャロ山

AM10:00　マサイ族の村落を訪問
歓迎のジャンピングダンスを見たり、手作りのおみやげ品を買ったりできる。

マサイ族の青年たち

DAY 4　ナイロビ乗り換えでアルーシャへ

翌朝のフライトでナイロビへ戻り、タンザニアのアルーシャへ。乗り換えの都合で夕方着。

アルーシャは周辺の国立公園への起点となる

DAY 5　ンゴロンゴロ保全地域を経由してセレンゲティ国立公園へ

AM8:00
サファリツアーの専用車でアルーシャからンゴロンゴロまで約2時間30分。ゲームサファリのドライブを満喫し、セレンゲティ国立公園内のロッジで宿泊。

DAY 6　セレンゲティ国立公園でバルーンサファリ

AM5:00
早朝はバルーンサファリに参加。低空飛行でサバンナの動物を観察。上空は冷えるので上着の用意を忘れずに。

木に触れそうなギリギリのところを器用に飛んでいく

シマウマノムレガミエルヨ

DAY 7,8　ナイロビ、ダルエッサラーム乗り換えで帰国

早朝にセレンゲティを出発し、アルーシャへ。そこからナイロビまたはダルエッサラームで飛行機を乗り換えドーハ経由で帰国。

+5 DAYS

キリマンジャロ山登頂にチャレンジ

キリマンジャロ山は登山道が整っており、初心者でも登頂が可能と言われているが、途中で高山病に苦しみ断念する人も多く、重い場合は高山病で死に至る場合もありうる。軽い気持ちで挑戦せず、ある程度登山経験を積み、体力作りをしていこう。登山にはいくつかルートがあるが標高1550mのマラング村を出発して5日間で登るルートが一般的だ。高地への順応力がキリマンジャロ登頂のポイントだ。

#山岳　#動物

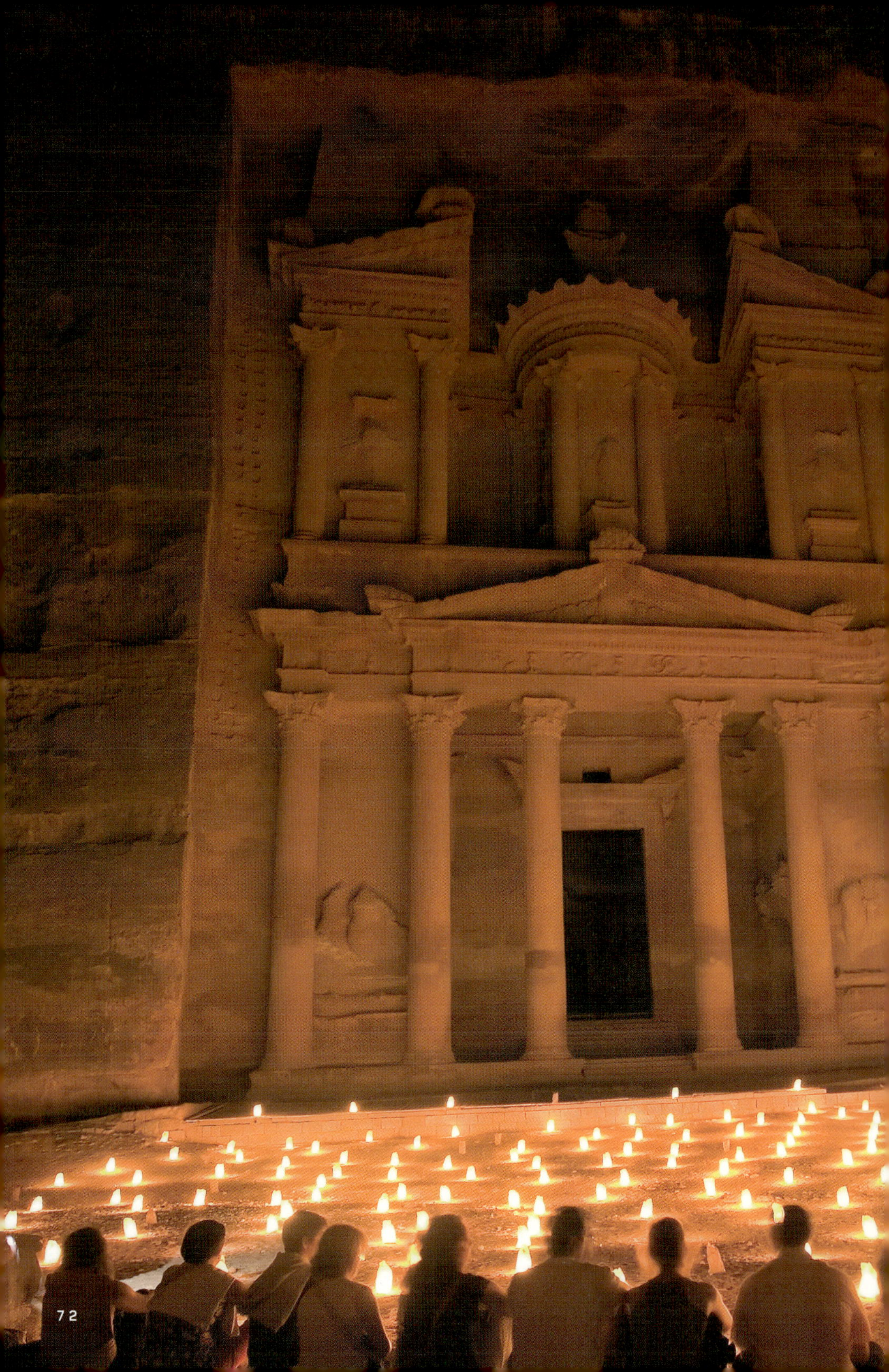

14
ナバテアの魂が宿る壮麗なファサード

ペトラ
Petra

ヨルダン

> ロウソクの明かりがアル・ハズネをライトアップ

> 約1800 ものロウソクが入口から神殿までを照らしている

日があまり差し込まないシークの道を抜けるとアル・ハズネと感動の対面が待っている

シークの崖は馬車が通るのもギリギリの幅の所がある

1 シークはアル・ハズネまで約1.2kmに渡って続く狭い崖の道　**2** シークをしばらく歩き視界が開けたところにアル・ハズネが鎮座する　**3** アル・ハズネは宝物庫という意味だが、正面上部にある壺に山賊の財宝が隠されているという言い伝えが語源だとか

記念撮影や遺跡の周遊に活躍するラクダ。乗るのは簡単だけど降りるのは難しい。

中近東 アフリカ

ペトラ
Petra

http://jp.visitjordan.com（ヨルダン観光局）

TRAVEL PLAN
ペトラ

世界遺産

14

旅の目安
>>アメージング度
>>難度
>>予算

20万円～（大人1人あたりの予算）

ペトラ（ヨルダン）

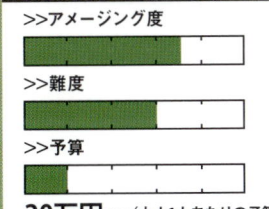

アクセス
ヨルダンの首都、アンマンへはドーハやイスタンブール、ローマ乗り換えなどで20時間。アンマンからバスでペトラ観光の起点、ワディ・ムーサへ約3時間。

ベストシーズン
砂漠地帯にあるため、==1日の気温の寒暖差が激しく==、日中は50℃を超えることも。10～4月頃が比較的過ごしやすいが、10月と3・4月頃がベスト。

旅のヒント
観光目的でも入国に際してはビザの取得が必要。空港や陸路の国境で1ヶ月間有効のビザが無料で取得できる。ペトラ観光では==自称ガイドやタクシー、ラクダ使いなどによるぼったくり==が横行しているので要注意。

ツアー情報
ペトラと死海を観光する5日間のツアーのほか、世界遺産のワディ・ラムも含めた8～9日間のツアーが各社から出ている。また、現地ではアンマンやアカバからも1日ツアーが多数出ている。ペトラ遺跡のライトアップを見たい場合はぜひとも1泊して遺跡を観光したい。

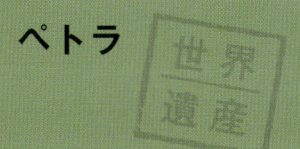

ナバテアの魂が宿る
壮麗なファサード

シークと呼ばれる狭い隙間の峡谷を進むと岩の大伽藍、アル・ハズネが突然現れる。映画『インディ・ジョーンズ』の舞台として有名なペトラは、ヨルダン南部にある遺跡。古くよりエジプトとアラビア半島を結ぶ通商の要地にあり、古代エジプトとセレウコス朝シリアの抗争で疲弊していたこの地の貿易を担ったナバテア人は、ナバテア王国の都としてペトラを建設した。雨のほとんど降らない砂漠にあって灌漑や水利施設を備えていた。交易により巨万の富を築いたペトラだが、ローマ帝国の勢いにはかなわず、2世紀初頭にはローマの支配下に入った。その後は衰退し、ペトラに代わってシリアのパルミラが交易の要衝として栄えた。その後のペトラは歴史から忘れ去られたが、1812年に冒険家ブルクハルトによって再び欧米に紹介された。

モデルルート
日本からアンマンに到着する1日目はアンマン市内に宿泊し、2日目の朝一番のバスでワディ・ムーサへ。午後からペトラを観光し、夕方にホテルに戻って夕食をとったら20:30頃に始まるライトアップショー（毎日ではなく、週3回行われる）へ。3日目も1日ペトラを観光に充て、4日目の早朝にマアーン経由でワディ・ラムに移動し砂漠を観光。5日目にアンマンに戻り帰路に就く。

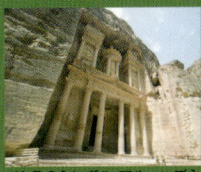

ペトラのシンボル、アル・ハズネ

#遺跡 #砂漠

15
塩分濃度35%、生物を拒絶する過酷な海

死海
Dead Sea

イスラエル／ヨルダン

塩の結晶の多い所は青い色の水面

岸辺の浅い所は塩の結晶が色々な形になっている

1 浅瀬の岩に付着した塩の結晶　2 死海に行ったら試したい、海に浮かびながらの読書
3 岸辺にはサンゴのような塩の結晶。対岸のヨルダンから朝日が昇る　4 気軽に泥エステが楽しめるエンゲディのパブリックビーチ

簡単に浮くけどバランスをとるのはけっこう難しい！

ミネラル豊富な泥を塗って肌がスベスベ。実はこの泥はタダ！

中近東 アフリカ

死海
Dead Sea

http://www.goisrael.com（イスラエル観光省）
http://jp.visitjordan.com（ヨルダン観光局）

TRAVEL PLAN

死海

15

旅の目安
>>アメージング度
>>難度
>>予算
25万円～ （大人1人あたりの予算）

死海（イスラエル／ヨルダン）

アクセス
日本からはソウルやフランクフルト乗り換えでイスラエルのテルアビブまで20時間前後。テルアビブのベングリオン空港から乗合タクシー（シェルート）で約45分。バスに乗り換えてエンゲディまで約2時間。

ベストシーズン
真夏は40℃近くなり、冬は死海の水が冷たい（泳いでいる人はいる）ので、それほど暑くならない4～5月、9～10月がベストシーズン。

旅のヒント
イスラエルにはシャバット（安息日）の習慣があり、==金曜の夕方から土曜の夕方までほとんどの公共交通機関やお店、レストランなどが閉まってしまう==のでプランを立てる際は注意しよう。

ツアー情報
エルサレム、ベツレヘムなどの世界遺産と一緒に回る7日間前後のツアーが出ているが、ヨルダンのペトラ（→ P.72）と死海を回るツアーの方が取り扱う会社が多い。エルサレムからは現地発着の1日ツアーもたくさん出ている。

塩分濃度35%、生物を拒絶する過酷な海

海抜マイナス420mという地球上で最も低い場所にある死海は、イスラエルとヨルダンを分かつ塩湖。アフリカ大陸プレートとそこから分かれたアラビア半島プレートの境界にあたる。唯一の流入河川はヨルダン川だが、湖から流出する河川がなく、暑い気候条件もあって水分が蒸発し塩分濃度が35パーセントと非常に高い。そのため水の比重を1.0とすると1.3以上と比重が高く、簡単に体が浮いてしまう。
旧約聖書では硫黄と火によって焼かれ死海の底に沈んだ罪深き町とされ、ソドムとゴモラの記述から忌み嫌われる対象だった。現在ではイスラエル側、ヨルダン側ともにリゾート開発が進み、死海で採れるミネラル豊富な泥は世界の一流エステの施術でも使われるほか日本でも広く販売されている。

\# 塩湖

モデルルート
日本を出発する1日目にテルアビブからエルサレムまで移動。市内のホテルに宿泊し、2・3日目はエルサレムの旧市街をメインに観光。4日目に死海へ移動し、エンボケックやエンゲディのホテルに泊まってビーチで浮遊体験。5日目はマサダやエンゲディ国立公園へのツアーに参加。6日目にエルサレム経由でテルアビブのベングリオン空港へ行き日本へ帰国。

エンボケックのリゾートホテル

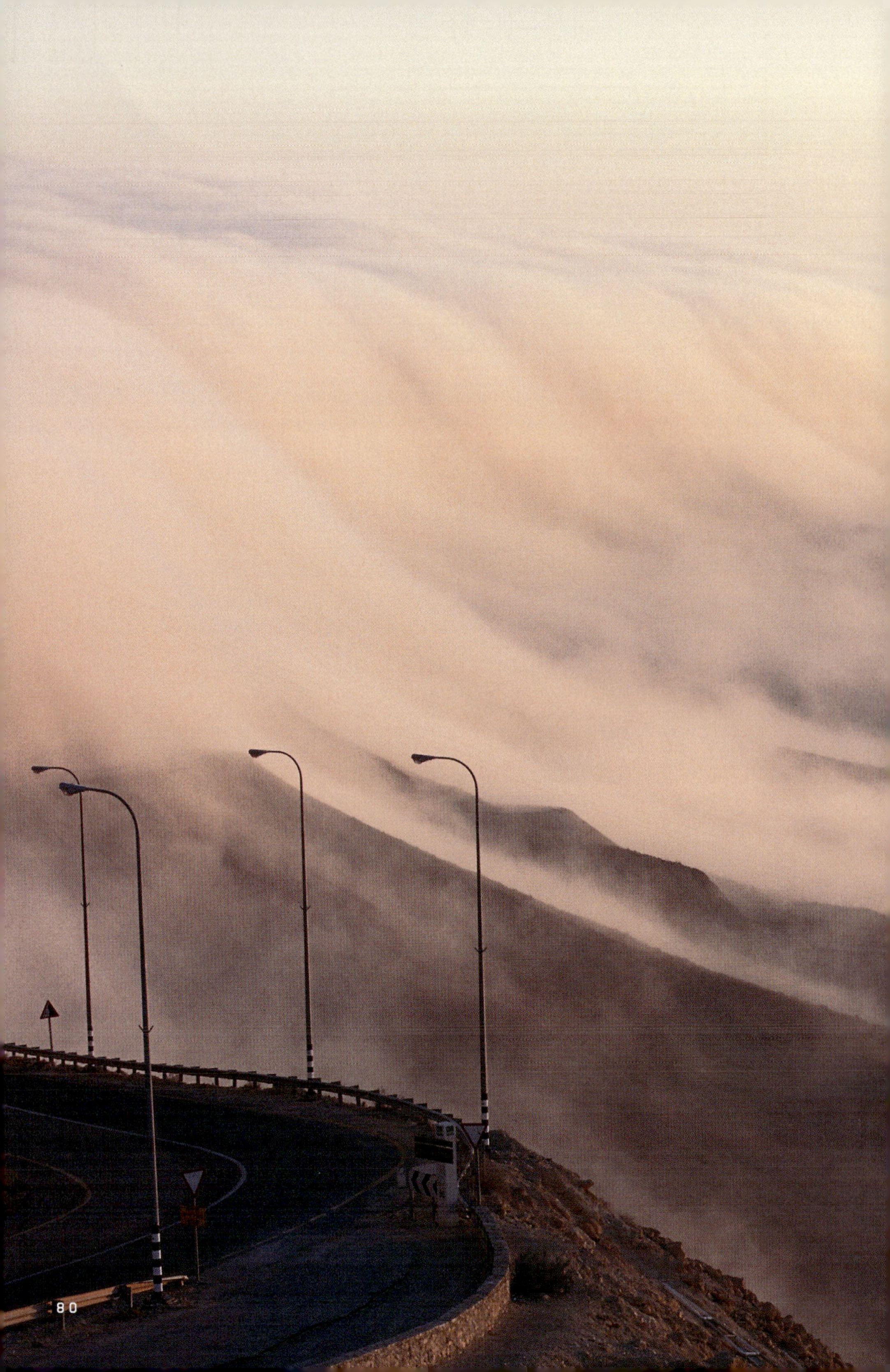

クレーターの底に霧が吸い込まれていく

春と秋の早朝にしか起こらないので見られた人はとてもラッキー！

16
高さ60mの壁から霧が一気に駆け降りる早朝の奇跡

ネゲヴ砂漠
Negev Desert

イスラエル

ワジは普段は涸れ川だが雨が降ると川になる

1 地殻変動や浸食によって形成されたラモン・クレーターは、アフリカ大陸からつながる大地溝帯の北端 **2** ティムナ渓谷にあるマッシュルーム岩 **3** エン・アヴダットの泉。古くはナバテア人や修道僧が住んでいた **4** ハイバル自然保護区では絶滅危惧種の動物やダチョウなど聖書に登場する動物が飼育されている

放し飼いにされているダチョウの家族

中近東 アフリカ

ネゲヴ砂漠
Negev Desert

http://www.goisrael.com（イスラエル観光省）

TRAVEL PLAN
ネゲヴ砂漠

世界遺産

16

旅の目安

>>アメージング度

>>難度

>>予算

30万円〜（大人1人あたりの予算）

ネゲヴ砂漠
（イスラエル）

アクセス
日本からソウルやヨーロッパ経由でテルアビブまで20時間前後。テルアビブからバスでベルシェバまで約1時間30分。そこでバスを乗り換えてネゲヴの起点、ミツペ・ラモンまで約2時間。ツアーが出ているリゾート地のエイラットへはテルアビブから飛行機で約1時間。

ベストシーズン
死海（→ P.76）と同様、夏の暑さは厳しい。冬は数回ではあるが雨が降り、涸れ川（ワジ）にも水が流れることがある。ラモン・クレーターに霧が降りていく自然現象（写真 P.80-81）が比較的多く見られるのは春と秋のシーズン。

旅のヒント
春や秋でも日差しがきついので、日除けや日焼け対策を忘れずに。風が吹くと砂埃がひどいので、カメラなどの精密機器の取扱に気を付けよう。

ツアー情報
聖地巡礼などイスラエルを専門的に扱う旅行会社以外ではネゲヴ砂漠のツアーを扱う所は少ない。現地発着ツアーではリゾート地のエイラットからヨルダンのペトラをはじめ、ネゲヴ砂漠への1日ツアーに参加することができる。ネゲヴの自然をじっくり味わいたいならミツペ・ラモンに宿を構えて4WDのツアーに参加したい。

高さ60mの壁から霧が一気に駆け降りる早朝の奇跡

岩山と砂漠の風景がどこまでも広がるネゲヴはイスラエル南部に位置している。アフリカ大陸プレートの北端にあたり、プレートの活動や長年にわたる風化や浸食によって多くの断層やクレーターといった地形が形成された。ラモン・クレーターに残る巨大な断層やマッシュルームのような奇岩で有名なティムナ渓谷がおもな見どころ。
また、ペトラ（→ P.72）で活躍したナバテア人が築き上げた通商路「香料の道」にあるアヴダットやシブタなどの都市遺跡は世界遺産に登録されている。

＋ モデルルート

日本からテルアビブ到着後、ベルシェバ経由でミツペ・ラモンへ。2日目は4WDで巡るラモン・クレーターのツアーに参加、3日目はエイラットに移動し、4日目にティムナ渓谷のツアーに参加。4日目の夜はベドウィン（遊牧民）のテントを訪れるディナーツアーにも参加したい。5日目にエイラットからテルアビブ経由で帰国。

#砂漠 #奇岩

ラモン・クレーターを見下ろす展望台

83

手前にある小さなピラミッドはメンカウラー王妃のピラミッド

17

ミステリアスなパワーが宿る
古代エジプトの遺産

ギザのピラミッド
Great Pyramids of Giza

エジプト

> ほかのふたつのピラミッドも頭頂部に残るこんな大理石で全体が覆われていた

スフィンクスとキスしているように写真が撮れる場所があるから探してみて！

1 ファラオを守るスフィンクス。かつてあった立派なアゴヒゲはロンドンの大英博物館にある　2 クフ王のピラミッドの内部。入場チケットは当日券のみで人数制限あり　3 上空から見たクフ王のピラミッド。周囲を墳墓群に囲まれている　4 3つのピラミッドを見渡せるパノラマポイントは三大ピラミッドから1km以上離れた丘の上にある

ラクダ使いのオジサンが着ているのがガラベーヤというエジプトならではの民族衣装。おみやげでも売っている

中近東 アフリカ

ギザのピラミッド
Great Pyramid of Giza

http://www.egypt.or.jp（エジプト大使館 エジプト学・観光局）

TRAVEL PLAN
ギザのピラミッド

世界遺産

17

旅の目安
>>アメージング度
>>難度
>>予算
15万円〜 （大人1人あたりの予算）

ギザのピラミッド（エジプト）

ミステリアスなパワーが宿る古代エジプトの遺産

古代エジプトで、ピラミッド群が建設されたのは紀元前2650〜2550年頃の古王国時代。三大ピラミッドができるまでには、サッカラにある階段ピラミッド、ダハシュールにある屈折ピラミッドなどの失敗例を経て、石材の積み方や角度といった問題を克服し、クフ王が紀元前2540年前後に遂に大ピラミッドを完成させた。底辺の一辺は約230m。使用された約270万個もの石材を高さ約146mの高さまで正確無比に積み上げた。紀元前5世紀に古代ギリシャの歴史家ヘロドトスが「10万人の奴隷が20年の歳月をかけて作り上げた」と現地での伝聞を記しているが、それでもピラミッドの建設から2000年という長い歳月がたった後のことであり、現在では、失業対策の公共事業説などの諸説が発表されている。

アクセス
成田空港から直行便で約13時間。ドーハやソウル、ヨーロッパならロンドン乗り換えの便もある。空港からバスを乗り継げばギザのピラミッド入口まで2時間弱で行くことができるが、渋滞で時間がかかることがある。

ベストシーズン
5〜9月の夏期35℃前後とかなり暑くなる。10〜4月が旅行シーズンだが、3月頃は砂嵐が吹くこともある。比較的過ごしやすい10月頃がベストシーズン。冬期のカイロは日中でも上着が必要なほど寒くなることがある。

旅のヒント
観光目的でもエジプト入国にはビザが必要。カイロ空港到着時に代金さえ払えば問題なく取得できる。==なお、2013年8月現在、日本の外務省よりエジプト全土に「渡航の延期をお勧めします」が発令されている。==

ツアー情報
カイロ、ルクソール、アスワン、アブシンベルを周遊するツアーも多いがカイロのみ5日間というツアーも各社から出ている。白砂漠（→P.102）と一緒に回るツアーも人気。

＋ **モデルルート**

カイロ空港は乗り継ぎだと深夜着になることが多く、行動は2日目から。ピラミッドが見えるホテルをとり、ギザの3大ピラミッドをじっくり観光。夜は音と光のショーへ。3日目はサッカラやダハシュールのピラミッドへ。4日目はカイロ中心部の考古学博物館でツタンカーメンのマスクを見て、世界遺産のイスラム地区などカイロ市内を中心に観光し、5日目に日本へ帰国。

音と光のショー

#遺跡 #砂漠

87

18
バラ色に輝く
ロマンティックな湖

ラック・ローズ
lac Rose

セネガル

藻が出すカロテノイドでピンク色に染まったラック・ローズ

海でいうところの赤潮と似たような現象だね

1 ラック・ローズの塩は魚の塩漬け用に多く使われる

2 ❶乾期の水面が低い時期にピンク色になる
❷海底に沈んでいる結晶を採取し、湖岸に積み上げた塩の山がたくさんある。湖の周囲には白い砂丘が広がっている

中近東 アフリカ

ラック・ローズ
lac Rose

http://www.tourisme.gouv.sn（セネガル観光省）

TRAVEL PLAN
ラック・ローズ

18

旅の目安
>> アメージング度
>> 難度
>> 予算
50万円～ （大人1人当たりの予算）

ラック・ローズ（セネガル）

アクセス
パリやドーハなどで最低1回は乗り換え。乗り継ぎ時間も含めて24時間前後かかる便が多い。ダカールからラック・ローズまでは直通バスはなく、何度か乗り換えが必要。市内の旅行代理店が催行するツアー（半日のものが多い）に参加するのが安心。

ベストシーズン
ラック・ローズの湖面がピンク色に染まるのは11～5月の乾期。風が強い日も湖面の写真がきれいに撮れない。

旅のヒント
セネガルの入国に際してはビザが必要。東京のセネガル大使館でビザを取得しよう。連絡先はP.295を参照。

ツアー情報
日本でセネガルのツアーを扱う旅行会社は少ない。また、西アフリカのガイドブックも少なく、最新情報がアップデートされている日本の書籍は皆無。ダカールの旅行代理店に連絡を取ってアレンジしてもらうか、ヨーロッパ（ロンドンやパリ）発のツアーに参加するしかない。

モデルルート
日本を出発し、2日目の朝にはダカールに到着。ホテルにチェックインし、沖合に浮かぶ世界遺産、ゴレ島へ。広島の原爆ドームと同じ「負の遺産」に分類される、奴隷貿易の歴史を物語る痕跡だ。
3日目はツアーか車を手配してラック・ローズへ。ラック・ローズからコロニアル建築が残るリゾートのサン・ルイまで行って宿泊。4日目の夜までにダカールに戻り、パリ行きの便に乗れば6日目の朝には成田空港に到着できる。

世界遺産のゴレ島

バラ色に輝く
ロマンティックな湖

セネガルの首都、ダカールの北約35kmに位置する全長約3kmの塩湖。パリ・ダカールラリーのゴール地点だったこともある。ラック・ローズはフランス語で「バラ色の湖」を意味する。湖面がピンク色なのは湖に大量発生しているドナリエラ・サリナという緑藻の一種が、光合成の過程で産出するカロテノイドという物質のため。
ラック・ローズでは塩の採取がさかん。塩分濃度は死海（→P.76）並みで、乾期には死海の濃度を上回るとか。塩の採取に従事する地元の人たちはアフリカ伝統のスキンケア、シアバターを体に塗って皮膚を塩分から保護している。

湖底に沈んだ結晶を採取し、湖岸に塩の山がいくつもできる

＃塩湖

91

何種類かあるバオバブの
なかでもまっすぐに高く
伸びる種類の木が
並んでいる

道沿いに20本ぐらい
のバオバブが立って
いる並木道

19
樹齢数千年、星を破壊する巨木？
バオバブの並木道
Avenue of the Baobabs

マダガスカル

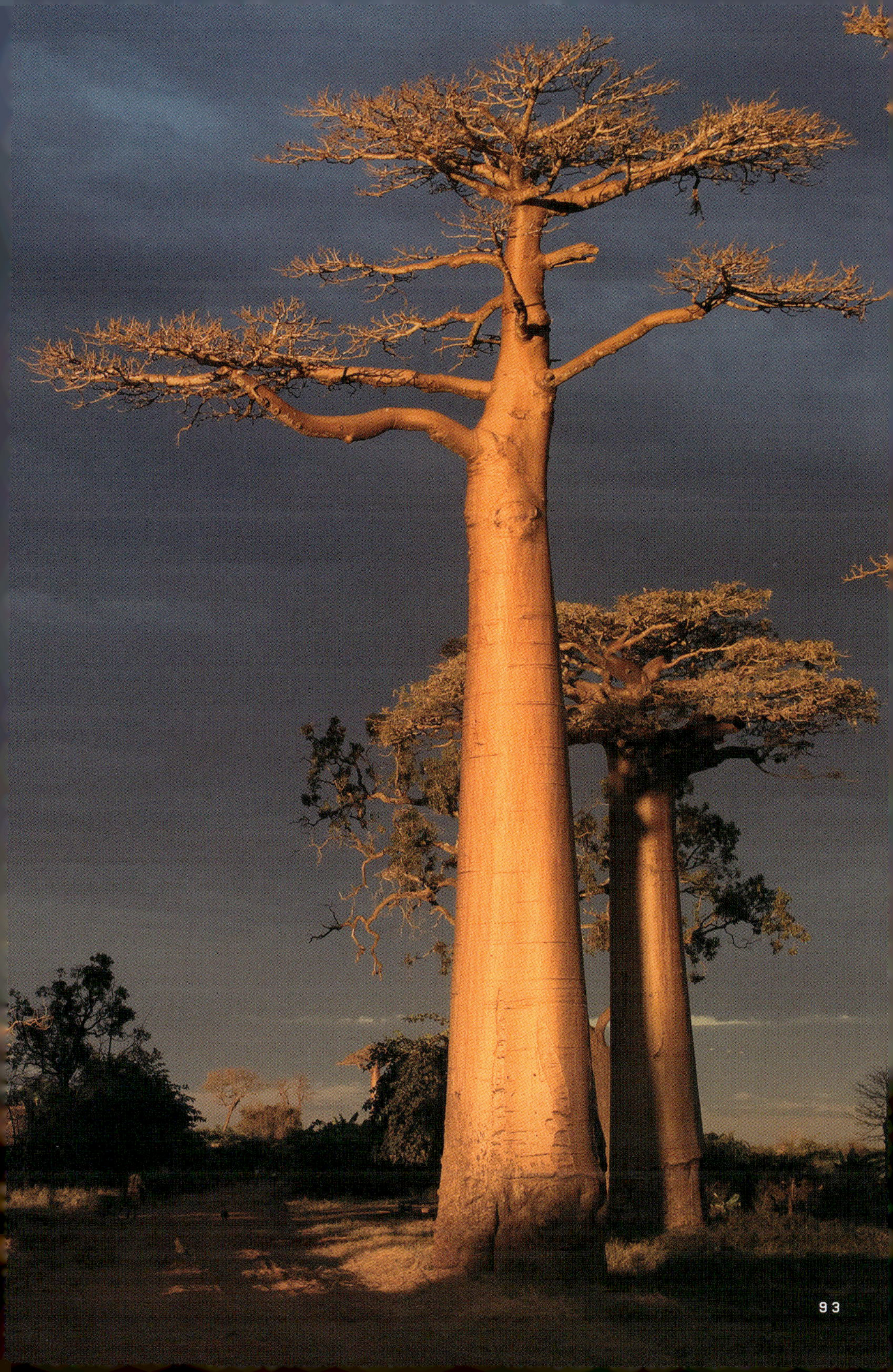

バオバブの並木道は約260mにわたって続いていて、地元の人が往き来する大事な生活道路

バオバブの並木道
Avenue of the Baobabs

夕日に照らされたシルエットがきれい

2 左頁：バオバブの並木道はムルンダヴァの北東約15km、マロフォトラ村とアンドリアメナ村の間に広がる **1** グランディディエリ種のバオバブは生えている土壌が乾燥しているほど幹が太くなる **2** 横っ飛びがかわいいベローシファカ。マダガスカルはキツネザルの楽園だ **3** ランバと呼ばれるマダガスカルの伝統衣装 **4** 並木道から外れた所にもバオバブは点在している

バオバブの実は1年を通じて採れる。木の下を見れば実が落ちているかも

95

中近東 アフリカ

TRAVEL PLAN
バオバブの並木道

19

旅の目安
>>アメージング度
>>難度
>>予算
60万円～ (大人1人あたりの予算)

バオバブの並木道
(マダガスカル)

アクセス
日本を昼前に出発するバンコク直行便で乗り換えればその日の内にマダガスカルのアンタナナリヴ空港に到着できる。市内で1泊し、翌朝の飛行機でムルンダヴァまで約1時間。

ベストシーズン
インド洋に浮かぶ島国で、島の中央が高原地帯になっているため、地域ごとの気候が違う。バオバブの並木道がある島の東部は、年間を通して暑く、11～3月の雨期でも降水量は多くない。ベストシーズンは雨が少ない4～10月の乾期。

ムルンダヴァ近くの海岸

旅のヒント
観光目的の滞在でもマダガスカル入国にはビザが必要。ただし、30日以内の滞在であれば、到着時に空港でビザを無料で取得できる。ただし、発給作業に時間がかかることもあるので、日本のマダガスカル大使館（連絡先はP.295を参照）で事前に取得しておくと安心。入国カードと出国カードの記入も必須。
バオバブの並木道があるムルンダヴァ周辺は1年を通じて日差しが強いので日焼け対策やサングラスなどの用意を。各地の保護区など国立公園内のロッジに宿泊するなら虫除け対策グッズも忘れずに。

ツアー情報
日本からはバオバブの並木道や動物保護区、ベマラハ国立公園などを巡る8～12日間のツアーが出ている。現地で車やガイドを手配して回るのも可能だが、基本的なフランス語会話ができると心強い。

タクシーブルースは荷物を満載して都市間を結ぶ乗合タクシー。時刻表はなく、満員になったら出発する

樹齢数千年、星を破壊する巨木？

バオバブはアフリカやオーストラリア北西部に自生している樹木で、樹齢1000年を超える巨木もある。マダガスカルがバオバブで有名なのはその固有種の多さで何と8種ものバオバブが地域ごとに自生している。

バオバブの並木道で有名なバオバブはグランディディエリという種類で、空に向かってまっすぐに伸びる姿や、樽のようにずんぐりとした姿が知られている。かつては森のように密集していたが農地開発のため多くが伐採されてしまい、現在の姿になったようだ。

『星の王子様』では巨大化して星を破壊する木として描かれているが、バオバブの実はビタミンCやカルシウムなど貴重な栄養補給源。種子からは油が採れるほか、樹皮は家の材料としても用いられ、人々の生活とも密接に結びついている。

バオバブの並木道
Avenue of the Baobabs

http://www.madagascar-tourisme.com（マダガスカル観光局）

モデルルート

DAY 1
PM22:05

成田からバンコク経由でアンタナナリヴへ

アンタナナリヴ空港着
バンコク経由でマダガスカル航空の便に乗り換えるのが最もスムーズ。空港到着後、アンタナナリヴ市内のホテルに移動。

DAY 2
AM9:00

ムルンダヴァのバオバブ並木道へ

8:00～9:00頃に出発する飛行機でマダガスカル島西岸にあるムルンダヴァまで約1時間。午後から半日ツアーでバオバブの並木道へ。

ナカヨシノバオバブダネ

通称「愛し合うバオバブ」の木

日没

夕日を受けて輝くバオバブを見る
夕暮れをバックに赤く染まるバオバブの姿はとても幻想的。ちなみに沿道ではバオバブフルーツが売られているので、ホテルに持ち帰って食べてみるのもよい思い出になるかも（日本への持ち帰りは禁止）。

夕日に染まるバオバブ

DAY 3
AM8:00

キリンディ森林保護区で色々なキツネザルに出合う

1日ツアーでムルンダヴァの北にあるキリンディ森林保護区へ。夜行性動物が多いので、色々な動物を見るなら園内のバンガローを予約しておこう。

フォッサと呼ばれるマングースの仲間

DAY 4
午前中

ムルンダヴァからアンタナナリヴへ

午前中の飛行機で再びアンタナナリヴへ戻る。ホテルにチェックインしたら午後から町歩きへ。キリンディ森林保護区でキツネザルに出合えなかった人は郊外にあるレミュールズ・パークへタクシーで行ってみよう。

DAY 5
AM7:00

絶滅危惧種のサル、インドリを探してペリネ特別保護区へ

アンタナナリヴからバスでムラマンガ経由でペリネ特別保護区まで3時間。インドリはマダガスカルに生息するサルの一種。焼き畑農法によって激減し、絶滅危惧種に指定されている。ほかにもアイアイやキツネザルを見ることができる。

トリジャナクテオサルサンダネ

愛らしいインドリ

DAY 6, 7

バンコク経由で日本への帰路へ

+5 DAYS

秘境の世界遺産、ベマラハ国立公園

ムルンダヴァの北約230kmに位置するベマラハ国立公園は石灰岩のカルスト台地が長い年月をかけて浸食されてできた。無数の針山のように延びる尖塔はツィンギーと呼ばれており、地下は鍾乳洞になっている。ムルンダヴァから5日かけてベマラハを回るツアーがあり、カヌーを使って川からツィンギーを眺めたり洞窟を見学したりすることができる。アンタナナリヴからは上空を遊覧するツアーが出ている。

ツィンギーと呼ばれる岩の景観

\#巨木 \#動物

20
黄金に輝く曲線美は
一粒の砂の芸術

ソッサスブレイ
Sossusvlei

ナミビア

きれいな風紋がどこまでも続くナミブ砂漠

砂粒が一定の大きさで、適度な風が吹かないと風紋ができないんだ

ソッサスブレイの砂丘は高い所だと300mもある

鳥取砂丘でも45m前後だからケタ違いだ!

1 キャンプ場からソッサスブレイへ行く途中に見える巨大砂丘 2 風紋がきれいに見えるのは早朝。時間がたつと徐々に消えていく 3 日中の激しい日差しは砂丘の尾根に美しい明暗のコントラストを付ける

中近東 アフリカ

ソッサスブレイ
Sossusvlei

http://www.namibiatourism.com.na（ナミビア観光局）

TRAVEL PLAN
ソッサスブレイ

世界遺産

20

旅の目安
>>アメージング度
>>難度
>>予算
50万円～（大人1人当たりの予算）

ソッサスブレイ（ナミビア）

アクセス
日本から香港経由でヨハネスブルグまで20時間前後。飛行機を乗り換えて起点となるスワコップムント近くのワルヴィスベイまで2時間10分ほど。

ベストシーズン
南半球にあるため、12～2月は50℃近くなる猛暑。3～4月の秋と9～10月の春が比較的過ごしやすい。5～8月の冬期は砂漠キャンプの際は夜間がかなり冷え込み、0℃近くになることもある。

旅のヒント
冬期にキャンプ場に泊まるツアーに参加する場合は防寒対策をしっかりと。

ツアー情報
数は多くないが日本からもナミブ砂漠へ行くツアーが出ている。世界遺産登録を受けて今後は数が増えるかもしれない。ヨハネスブルグやケープタウンでもツアーに参加できるほか、スワコップムントでも各種ツアーに参加可能。南アフリカのプレトリアから豪華列車プライド・オブ・アフリカ号で行くプランもある。

黄金に輝く曲線美は
一粒の砂の芸術

ナミブ砂漠は大西洋岸に長さ約1200kmにわたって続く。大砂丘が絶えず動き続け、風紋が美しいのは大西洋から絶えず吹き続ける偏西風によるもの。この湿り気を含んだ風は砂漠に時に濃霧をもたらし、砂漠に生息する植物を潤してきた。偏西風によって発生する濃霧は沖合を進む船舶にとってはやっかいなものだ。沿岸には濃霧で座礁した船が多数打ち上げられており、骸骨海岸（スケルトンコースト）として知られている。
また、ナミブ砂漠は2013年に世界遺産に登録された。

ソッサスブレイの砂丘を歩く

＋ モデルルート
日本からスワコップムントまでは乗り換えの手間も含めて2日を見ておきたい。3日目にスワコップムントを出発し、砂漠のロッジやキャンプ場で宿泊。4日目の早朝に砂丘が朝日を受けて赤く染まっていく光景を鑑賞。5日目以降はツアーの行程によってはアザラシやフラミンゴが見られるワルヴィスベイやサファリドライブが楽しめるエトシャ国立公園へも訪れる。大体1週間ほどで日本に戻れる。

ワルヴィスベイのフラミンゴ

\# 砂漠

| COLUMN_02 |

ニンゲンとシゼンが裸になって対話できる場所、それが砂漠だ

21
白砂漠
White Desert>> エジプト
ロケーション▶ギザのピラミッド（→P.84）から南西に約320kmの所にあるバハレーヤ・オアシスが白砂漠の起点。バウィーティというオアシスの町にホテルがある　**旅のウンチク**
▶砂漠ツアーは半日から砂漠でキャンプする1泊まで色々。不慣れなドライバーだと砂漠で立ち往生する深刻なトラブルになりかねないので、車や設備もよく見極めよう。日本からのエジプトツアーでも砂漠に行くプランがある

見渡す限りの砂の大地。生けるものを拒むかのような大地に立ち、灼熱の太陽を浴びて耳を澄ます。聞こえてくるのは岩に当たるかすかな風の音。地を這う虫の足音。ナイル川以西のエジプトは国土の大半がサハラ砂漠に覆われている。砂漠に点在するオアシスは古代エジプト時代からの歴史があり、色鮮やかな壁画や貴族の墳墓なども発掘されている。石灰質の地形のため真っ白な風景が続く白砂漠はバハレーヤ・オアシスとファラフラ・オアシスの間に広がている。さあ、五感を全開にして地球を眺めよ！　次に見えてくるのはあなたの心だ。

アジア Asia　WONDER SPOT

22 バガン
ミャンマー　P.104

23 ガンジス川
インド　P.110

24 チャンド・バオリの階段井戸
インド　P.114

25 万里の長城
中国　P.118

26 タージ・レイク・パレス
インド　P.122

27 ヒマラヤ
ネパール他　P.126

22

金色の仏塔で彩られた
敬虔な仏教の都

バガン
Bagan

ミャンマー

日の出とともにバガンの空にたくさんの気球が上がっていくね

朝日を受けて仏塔が黄金色に輝く姿は本当に絶景！

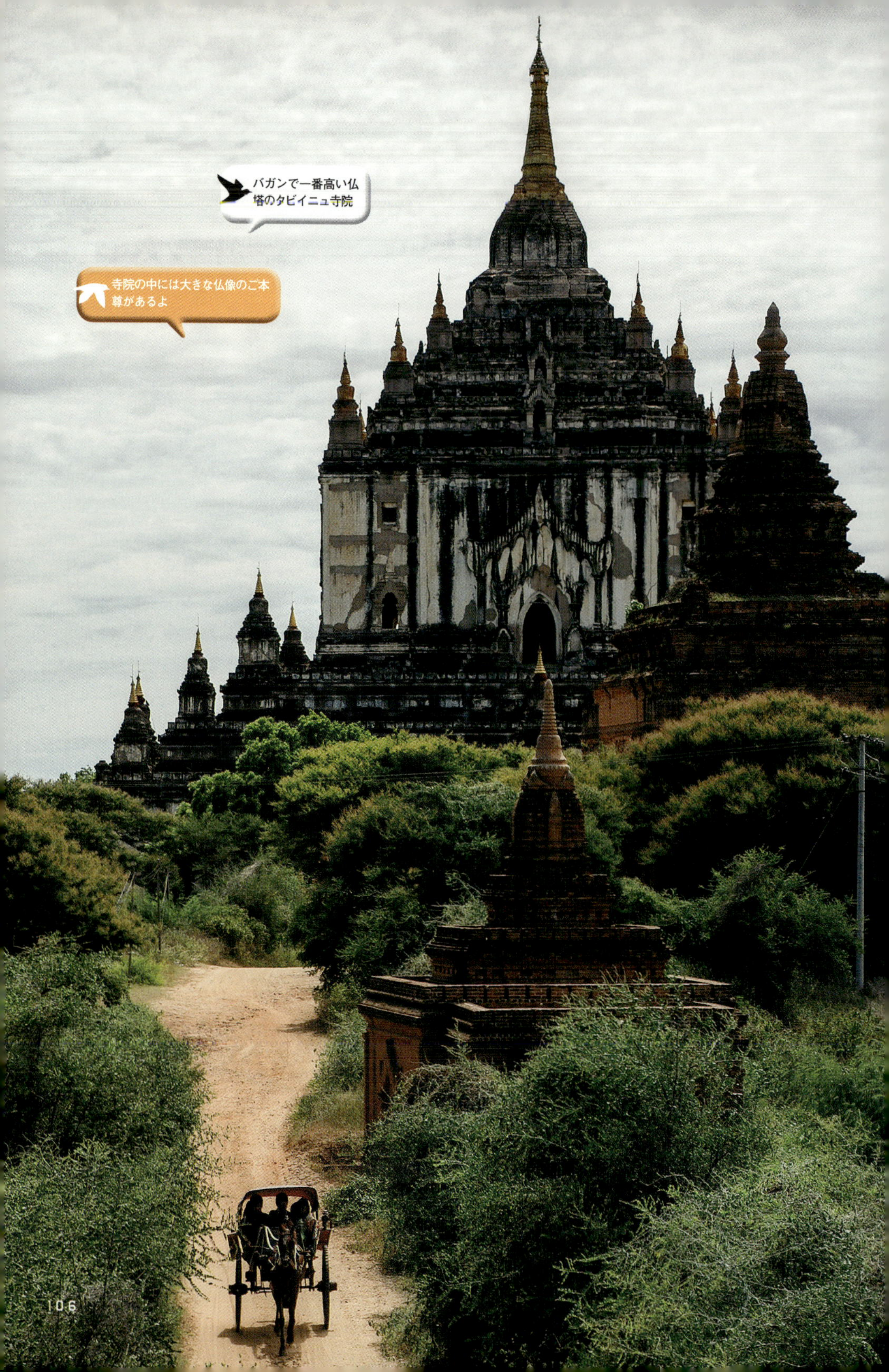
バガンで一番高い仏塔のタビイニュ寺院
寺院の中には大きな仏像のご本尊があるよ

バガン
Bagan

1 左頁：12世紀建造のタビィニュ寺院。すぐ近くに日本人の戦没者慰霊碑がある 1ヤンゴンにあるシュエダゴン・パヤーは国のシンボル的寺院 2バガンのアーナンダ寺院にある黄金のカッサパ仏 3シュエサンドー・パヤーの上で出会った少年僧 4バゴーにあるシエターリャウンの寝仏。長い間密林の中に放置されていた

大仏様の足裏の紋様もキレイだから見てみて！

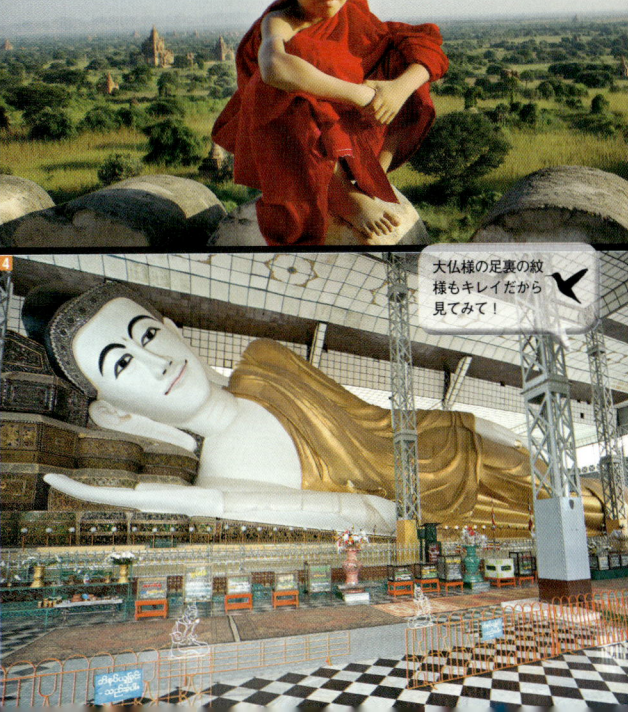

TRAVEL PLAN

バガン

22

金色の仏塔で彩られた敬虔な仏教の都

バガンは、ビルマ族が初めて打ち立てた統一王朝のパガン朝の都。おもに11～13世紀にかけて繁栄し、東南アジアにおける仏教文化の中心的存在だった。バガンに残る寺院の多くもこの時代に基礎が造られたものが多い。城壁に囲まれた旧市街に寺院が密集している。シュエズィゴンパヤーや王宮を完成させた第3代のチャンシッター王の治世（1084～1183）がパガン王朝の最盛期で、一時は1000近い仏塔と数千という寺院がひしめき合っていたという。しかし、13世紀末にはモンゴルによる侵略のため都は放棄され、14世紀初頭には王朝は事実上消滅した。その後のバガンは巡礼地として細々と続くが、シュエズィゴンパヤーやスラマニ寺院といった大寺院を除き、風化や地震により荒廃してしまった。

旅の目安

>>アメージング度

>>難度

>>予算

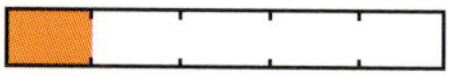

20万円～（大人1人当たりの予算）

バガン（ミャンマー）

アクセス

成田からヤンゴンまで直行便で約7時間30分。バンコク乗り換えでも9時間強で到着。同日乗り継ぎはできないので、どちらにしてもヤンゴンで1泊。翌朝6:00台の飛行機でバガンまで約1時間20分。

ベストシーズン

10月中旬または下旬～2月にかけての乾期が天候が比較的安定し、過ごしやすいので旅行のベストシーズン。3～5月が気温が最も高い夏期となり、地元の人も日中の外出を避ける。

タナカと呼ばれる樹皮をすり下ろした粉を顔に塗った少女。日焼け止めや保湿効果もあるとか

旅のヒント

観光目的の滞在でもミャンマー入国にはビザが必要。東京のミャンマー大使館か大阪のビザセンターで手続きをする。詳しい連絡先はP.295を参照。寺院参拝の際には肌の露出の多い服装は避け、寺院内部や仏塔内に入る時は靴下も脱ぐのがマナー。また、無用なトラブルを招かないためにも政治的な話なども極力避けたい。

揚げパンなど色々な屋台が出ているが体調と相談してチャレンジ

ツアー情報

バガンとヤンゴンで5日間のツアーが各社から出ているほか、マンダレーやインレー湖を含めた周遊ツアーなら1週間前後のツアーも多く、カンボジアのアンコールワットと一緒に回るツアーもある。 
バガンの現地発着ツアーは気球ツアーぐらいで、馬車やボートなどのチャーターは交渉制だ。タクシーをチャーターするなら近郊にあるポッパ山まで行ってみるのもおすすめ。

バガン近郊のポッパ山にある岩峰

バガン
Bagan

http://www.myanmar-tourism.com（ミャンマー観光促進局）

モデルルート

DAY 1 成田からヤンゴンへ

午後〜夜 ヤンゴン到着
値段は高いが直行便なら午後。経由便でも日付が変わる前にはヤンゴンに到着できる。市内のホテルへ移動。

DAY 2 ヤンゴンからバガンへ

AM6:00
ヤンゴンから出るバガン行きの定期便は大体6:00〜7:00に出発。飛行機は約1時間20分で町の入口のニャウンウーに到着。その後市内のホテルへ移動。値段は高いが、バガン旧市街のホテルに泊まって散策を満喫したい。

AM10:00 お寺巡りにスタート
無数にあるバガンの寺院のなかでも金色の仏像で有名なアーナンダ寺院やタビイニュ寺院は必見のスポット。

バガンで最も高いタビイニュ寺院はどこからでもよく目立つ

ドンナ
ネガイゴトヲ
ショウカナ

アーナンダ寺院の釈迦牟尼仏

夕暮れ時 シュエサンドー・パヤーからバガンの夕景を見る
森の中に点在する仏塔が夕日を浴びて輝く光景はバガンに来たらぜひ見ておきたい。曇天の日が多い雨期よりも乾期のシーズンがおすすめ。

霧がかかるとさらに幻想的

DAY 3 気球に乗って朝焼けに輝くバガンを見る

AM5:30
朝5:30〜6:00頃のピックアップでホテルを出発し、早朝の気球ツアーに参加。飛行時間はおよそ45分。到着後シャンパンで乾杯してから朝食のサービスあり。

気流が安定する朝のフライトが安心

AM9:00 お寺巡りの続き
ヤンゴン行きの午後のフライトは16:00〜17:00なので、時間の許す限り色々なお寺をお参りしてみよう。

DAY 4 ヤンゴンから日帰りで大仏で有名なバゴーへ

AM8:00 バゴーの巨大寝仏へ 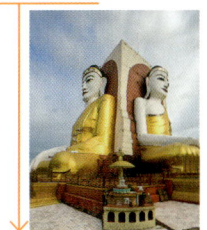
バゴーへはバスで約2時間。全長55mのシエターリャウン大仏までタクシーで往復。徒歩なら片道20〜30分。四面大仏のチャイプーン・パヤーやミヤッターリャウンの寝仏など見どころは多い。バゴーで1泊すればチャイティーヨー（→P.130）まで行ける。

柱の4面に大仏が鎮座するチャイプーン・パヤー

DAY 5 ヤンゴンの仏塔巡りと市場散策

AM8:00 ミャンマー最大の聖地へ
午前中はタクシーでシュエダゴン・パヤーまで行く。階段かエレベーターで境内に登り、黄金に輝く仏塔を見学。午後はアウンサン市場でおみやげを買ってから空港へ。

ミャンマーの大本山

夕方〜夜 日本へ帰国

\#宗教 \#暮らし \#街並

109

23

人々の業をすべて飲み込む
母なる流れ

ガンジス川
Ganges

インド

ヴァラナスィはヒンドゥー教で最も重要な聖地

川岸にはガートという沐浴場がたくさん並んでいる

遊覧ボートも超満員だね

夕方は沐浴に来た人達で大混雑

洗濯したり、体を洗ったり、魚を獲ったりと、ガンジス川は暮らしに密着している

1 巡礼客でごった返すヴァラナシィの夕暮れ **2** コルカタのカーリー寺院近くを流れるガンジス川から引かれた運河 **3** ガートで花を捧げ、香を焚く女性たち **4** 誰にも邪魔されずのんびりと水浴びする牛

アジア

ガンジス川
Ganges

http://www.up-tourism.com（アッター・プラデーシュ州観光局）

TRAVEL PLAN
ガンジス川

23

旅の目安
>>アメージング度
>>難度
>>予算

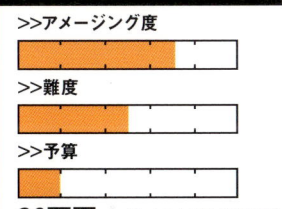

20万円〜（大人1人当たりの予算）

ガンジス川（インド）

アクセス
日本からデリーまで直行便で9時間弱。デリーで国内線に乗り換えてヴァラナスィまで約1時間20分。夜行列車でも行けるが、遅れることも頻繁で、最低13時間はかかる。

ベストシーズン
11〜3月の冬期（乾期）がベストシーズン。4〜6月は真夏で日中の気温が40℃を越えることも。7〜9月の雨期はガンジス川が増水して水が町に溢れ、町全体が劣悪な衛生状態になることも。

洪水になったヴァラナスィの町

旅のヒント
物売りや物乞いなど観光客相手のしつこさでいえば世界でも屈指の場所。また、ガートでの火葬は写真撮影が厳禁なので近くではカメラをカバンにしまうなどしておきたい。旅行者でも地元の人に混じって沐浴を体験している人がいるが、衛生面から考えておすすめできない。

ツアー情報
デリーやアーグラーなどの世界遺産と一緒に巡る5〜8日間のツアーが各社から出ている。ヴァラナスィではボートの遊覧が含まれていることが多い。

➕ **モデルルート**

直行便で日本を出るとデリーには16:00〜17:00頃の到着。翌日昼前後の便でヴァラナスィへ。ヴァラナスィでは2泊ほどしてほとりのガートを巡ったり、ボートに乗ったりして過ごす。夕暮れ時に行われるプージャーという礼拝も見ておきたい。デリーに戻って1日観光しても6〜7日ぐらいの旅程だ。

プージャーの様子

#大河　#暮らし

人々の業をすべて飲み込む母なる流れ

ガンジス川はヒマラヤ山脈の氷河を水源とし、ネパールやインド北部を経てインド洋へと至る大河。ヒンディー語ではガンガーと呼ばれ、ガンジス川を神格化した女神に由来する。

ヒンドゥー教では、ガンジスのほとりで火葬された後に骨を川に戻すことで、罪が洗い流され、苦しい輪廻から逃れられると信じられており、ガンジス川で沐浴することも徳を積む行為とされている。

ヒンドゥー教最大の聖地、ヴァラナスィはヒンドゥー教徒が人生の最期の地として憧れの地であり、年間100万人ともいわれる巡礼客がインドらしい混沌とした風景を形作っている。ガンジス川沿いにはガートと呼ばれる寺院のような沐浴場が連なっている。ガートの下では黄色い布に包まれ、花々で囲まれた遺体が荼毘にふされている。

113

24

3500もの階段が
幾何学模様のように並ぶ

チャンド・バオリの階段井戸
Chand Baori Step Well

インド

地の底まで続いていそうな階段

まるでエッシャーの騙し絵みたい！

115

近くで見るとけっこう複雑な石組み

13層のひとつが大体1m60cmぐらい

1 6段ずつ同じ高さと傾斜で等しく作られているゾウのレリーフ 2 正面テラスを支える石柱の 3 色の付いた粉をかけあう春の祭り、ホーリー。井戸への起点となるジャイプルの町でも盛大に祝われる 4 寺院の付属施設として建てられたので、ヒンドゥーの神々のレリーフも残る

アジア

チャンド・バオリの階段井戸
Chand Baori Step Well

http://www.rajasthantourism.gov.in（ラージャスタン州観光局）

TRAVEL PLAN

チャンド・バオリの階段井戸

24

3500もの階段が幾何学模様のように並ぶ

ラージャスタン州の州都ジャイプル近郊のアバネリ村にある階段状の井戸で、8〜9世紀にかけてすぐ近くに建つハルシャト・マタ寺院の付属施設として造られた。チャンド・バオリの井戸は19.5mの深さに13層にわたって三角形の階段が規則的に並んでいる。まるでだまし絵のような景観は映画『ダークナイト ライジング』にも登場した。
乾燥した気候のラージャスタンでは一滴の水さえ貴重な資源。階段井戸はできるだけ多くの雨水を集め、たくさんの人が1年を通して水を使えるようにと造られたもの。近代的水道施設が導入された今ではこの井戸は使われてはいないが、地元の村人は暑い時期にはこの井戸に涼みにやってくる。井戸の底は地上より5〜6℃涼しく感じるそうだ。

旅の目安

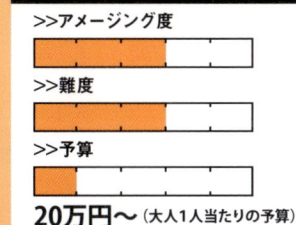

>> アメージング度
>> 難度
>> 予算

20万円〜（大人1人当たりの予算）

チャンド・バオリの階段井戸（インド）

アクセス

成田空港から直行便でデリーまで約9時間。翌日の便でジャイプルまで約1時間。ジャイプルからアーグラー方面のシカンドラまでバスで行き、そこでリクシャーか乗合ジープに乗り換えてチャンド・バオリまで行く。

ベストシーズン

砂漠の国ともいわれるラージャスタン州は乾燥した砂漠気候。夏期は40℃を軽く超える日が続く。一年を通してほとんど雨は降らないが、一応雨期ということになっている7・8月が気温が少し低くなり、過ごしやすい。

旅のヒント

日差しが強いので日焼け対策も忘れずに。近くには小さな村があるだけなので、簡単な食料やミネラルウォーターも持参していきたい。

ツアー情報

ジャイプルからの日帰りツアーもないので個人で行くことになる。インドの交通機関に慣れていればジャイプルからバスを乗り継いで行くことができるが、ジャイプルの旅行会社で車とガイドを手配してもらうほうが無難。

＋ モデルルート

デリーで1泊し、翌日朝の飛行でジャイプルへ。2日目は町のシンボルの風の宮殿や、マハラジャが造った天文台のジャンタル・マンタルなどを見学。3日目はタクシーをチャーターしてチャンド・バオリの井戸へ日帰り観光。同じ車で帰り道にジャイプル近郊にあるアンベール城に寄って夕方の飛行機でデリーに戻れば4日目の昼過ぎには日本に戻ってこられる。

風の宮殿ことハワ・マハル

\# 遺跡　\# 建造物

25
大陸を這う城、空前絶後の巨大建造物

万里の長城
The Great Wall

中国

霧に包まれた金山嶺の長城

夏に霧が発生しやすいけど、実際に観光すると霧で何も見えないことも

> 傾斜角度が急な司馬台の長城の未修復部分

> 天に昇るような梯子をたとえて「天梯」と言われている

> 砂漠の中に突然現れる大きな嘉峪関が万里の長城の終点

1 司馬台の長城は人気の観光スポットだったが、近年は修復中で一般公開されていない 2 嘉峪関(かよくかん)は万里の長城で最も堅固な城塞 3 長城の東端にあたる虎山長城。重厚なレンガ造りだ

アジア

万里の長城
The Great Wall

http://www.cnta.jp（中国国家観光局）

TRAVEL PLAN
万里の長城

世界遺産

25

大陸を這う城、空前絶後の巨大建造物

万里の長城は遼寧省の虎山から甘粛省の嘉峪関まで、総延長約2万200kmという長大な防壁。秦の始皇帝による建設事業が有名だが、現存する約6200kmの長城のほとんどは明代に造られたもの。北京郊外にある全長約3.7kmの八達嶺は保存状態がよく、中国を代表する観光名所になっている。

長城には堅固な城塞の関所が何カ所かある。河北省の山海関は、満州と華北の境目であり、長城が海に突き出た老龍頭でも知られる。西端にあたる嘉峪関はシルクロードの要衝として機能していた。

黄海に突き出た老龍頭

旅の目安

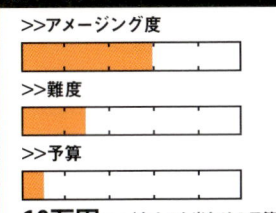

>>アメージング度

>>難度

>>予算

10万円～（大人1人当たりの予算）

万里の長城（中国）

アクセス

日本から北京まで直行便で約4時間。北京市内から地下鉄とバスを乗り継ぐか、北京北駅から出ている鉄道で最寄りの八達嶺まで列車で1時間。長城の上へは北と南にある2本のロープウェイを使っても行くことができる。地下鉄とバスを乗り継いで行く慕田峪（ぼでんよく）は、観光客もそれほど多くはないのでゆっくり観光できる。

八達嶺のロープウェイ

ベストシーズン

八達嶺の長城周辺は標高が1000m前後あり、北京市内よりも冬の冷え込みが厳しく、風も強い。冬に行くときは防寒対策を忘れずに。

旅のヒント

八達嶺や慕田峪にはスライダーで長城から降りられる場所があり、人気のアトラクションになっている。違法業者の催行する北京発のツアーでは料金トラブルやおみやげ屋での強制買い物などのトラブルが起きているので注意。観光用に整備されていない長城では過去には日本人観光客の遭難事故が起きているので、立ち入らないように。

ツアー情報

北京往復のフライトとホテル2泊がセットになったプランが各社から出ている。八達嶺の1日ツアーで世界遺産の明十三陵へも行くことができる。嘉峪関は敦煌や西安へのツアーに組み込まれている場合が多い。

➕ モデルルート

到着した初日は空港でタクシーをチャーターして慕田峪を観光。2日目は八達嶺へ日帰り観光。3日目は早朝に高速列車で約2時間の秦皇島へ行き、バスかタクシーで山海関へ。夕方に北京に戻る。4日目の飛行機で日本へ帰国。

#遺跡　#建造物

湖を見渡す特等席のテラス！

極上のティータイムが楽しめそう

26
湖に浮かぶ白亜の城でマハラジャのバカンスを！

タージ・レイク・パレス
Taj Lake Palace　　🇮🇳 インド

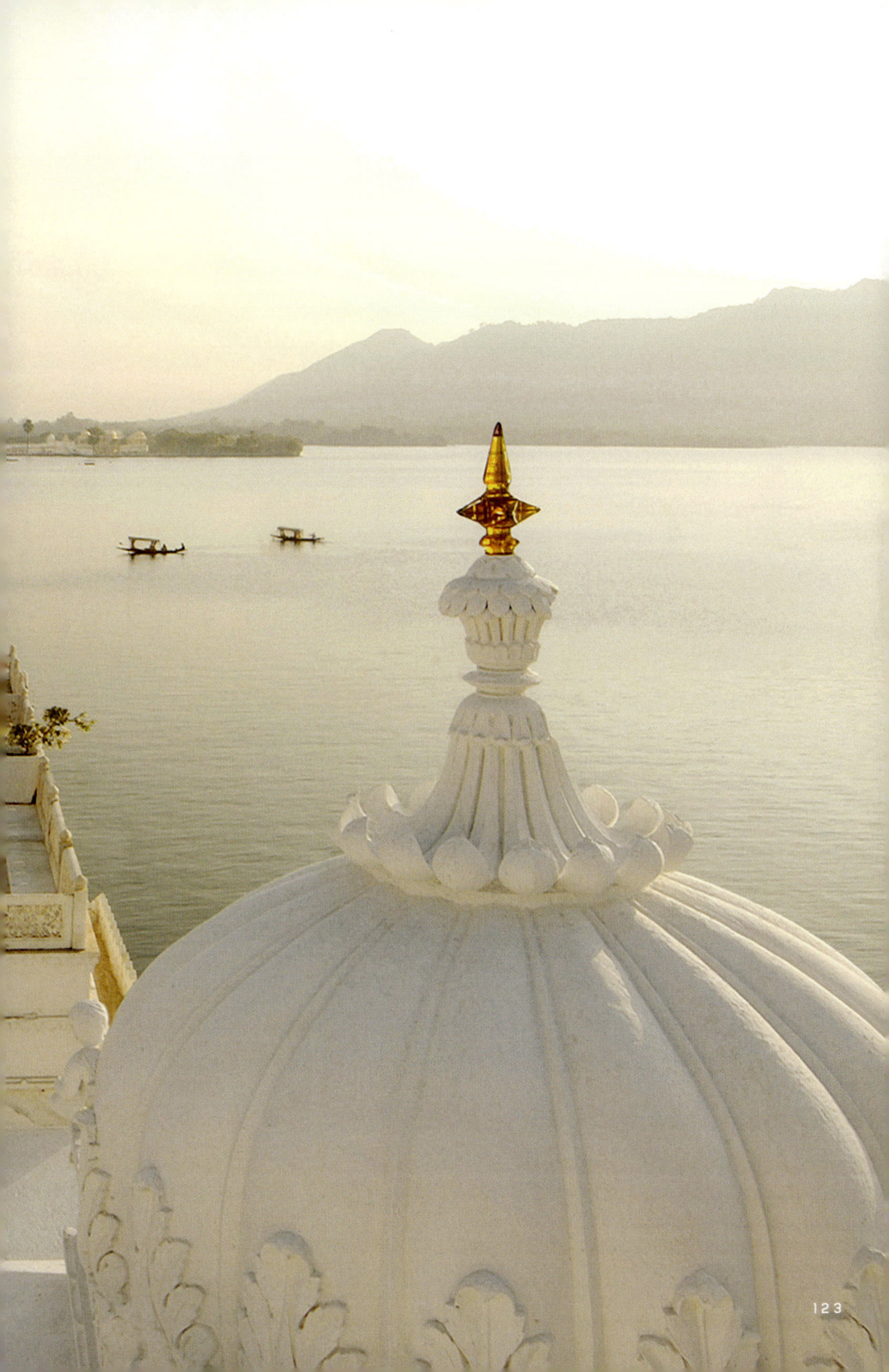

1 アーチの装飾がきれいなスイミングプール　2 向かいに見えるシティパレスと好対照の白亜の島　3 壁一面にインドの伝統的な細密画が描かれたサッジャン・ニワス・スイート　4 ターバン姿のドアマンが出迎える宿泊客専用埠頭。階段を上がるとレセプションホールへ

島がまるごと宮殿なので、豪華客船のように湖を進みそう

専用のボートが到着するホテルの埠頭もエレガントな造り

アジア

タージ・レイク・パレス
Taj Lake Palace

http://www.tajhotels.com（ホテル公式サイト）

TRAVEL PLAN

タージ・レイク・パレス

26

旅の目安

>>アメージング度

>>難度

>>予算

25万円～（大人1人当たりの予算）

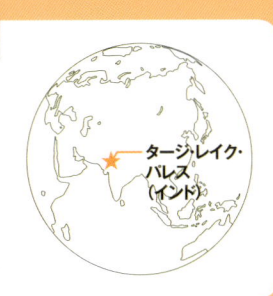

タージ・レイク・パレス（インド）

アクセス

日本からデリー乗り換えでウダイプルまで所要約16時間。タージ・レイク・パレスで宿泊するなら空港送迎も手配可能で、クラシックカーで迎えに来てくれる。ホテル専用の船着き場からボートでホテルのエントランスへ。

ベストシーズン

ウダイプルがあるラージャスタン州は真夏は50℃近くなるという猛暑の地。比較的涼しい7～8月（それでも日中に30℃を下回ることは少ない）がベストシーズン。乾期だと湖の水位が低くなってしまうので、雨期でもある7～8月がベスト。

旅のヒント

タージ・レイク・パレスに併設されている4カ所のレストランは全て宿泊客専用。Bhairoはフォーマル、Amrit Sagarはスマートカジュアルなどドレスコードがあるので、対応できる着替えを用意しておこう。

ツアー情報

タージ・レイク・パレス指定で宿泊という周遊ツアーも日本の旅行会社から出ている。
なお、日本でのタージ・レイク・パレスの予約は下記へ
●リーディングホテルズ
www.LHW.com　TEL：0120-086230

湖に浮かぶ白亜の城でマハラジャのバカンスを!

ウダイプルは「湖の町」として知られている。16世紀にこの地へやってきたメーワール朝の王ウダイ・シンは川を堰き止めて湖を造った。これが現在見られるピチョーラー湖だ。その湖上に優雅な佇まいを見せる宮殿は、1746年にジャガット・シン2世によって離宮としてジャグ・ナワス島に建てられた。向かいに建つシティ・パレスは冬の間に王家が住む宮殿として使われ、現在でも王族が居住している。
タージ・レイク・パレスは1963年にホテルとして開業し、エリザベス女王やビビアン・リーなど多くの著名人を迎えてきた。ジャグジーなどスパ施設が備え付けられたスパ・ボートでは湖を遊覧しながらトリートメントが受けられるという、まさに極楽のひとときを演出してくれる。

モデルルート

日本を午後に出発し、デリー乗り換えで2日目の朝にウダイプルに到着。専用のボートでホテルに到着後2泊してウダイプルの宮殿巡りや湖の遊覧を楽しみつつ、スパ・ボートなどで宮殿ホテルライフを満喫。4日目の夕方に出発し、デリーで乗り換えれば5日目朝には日本に到着できる。

ジャグジーが設えられたスパ・ボート

#ホテル

125

氷河湖ドゥドゥ・ポカリに映るエベレストの峰々

ここでも標高約4700m。エベレストの頂はまだまだ高い

27

白き峰を映す湖、世界の屋根に立つ！

ヒマラヤ
Himalayan Range

ネパール他

アジア

ヒマラヤ
Himalayan Range

http://welcomenepal.com（ネパール観光局）

TRAVEL PLAN

ヒマラヤ

世界遺産

27

旅の目安

>>アメージング度
>>難度
>>予算

50万円～（大人1人当たりの予算）

ヒマラヤ（ネパール）

アクセス

日本からネパールのカトマンドゥへの直行便はないので、デリーやバンコク、クアラルンプールなどアジアの都市を経由して14～17時間ぐらい。カトマンドゥからポカラまで飛行機で約40分ほど。

ベストシーズン

6～9月は雨期なので観光には向かない。11～4月の乾期は天候が安定し、晴れ渡ったヒマラヤの景色が見られる確率が上がる。トレッキングは乾期の初めと終わりがベストだが、遊覧飛行なら12～2月でもおすすめ。

旅のヒント

トレッキングツアーに参加するつもりの人はアウトドアジャケットやストック、シューズなどひと揃えの装備を用意しておくとともに、日頃の体力作りもしておこう。

ツアー情報

ポカラに連泊してトレッキングや遊覧飛行を楽しむツアーが出ている。もちろんポカラまで行けば各種ツアーのほか、パラグライディングのツアーにも参加できる。ウルトラライトプレーンは15分～1時間のコースがある。夕方の時間帯には夕日を浴びるアンナプルナの稜線を間近に見ることができる。

ウルトラライトプレーンは2人乗り。高度は約4000mまで上昇する

＋ モデルルート

1日目はカトマンドゥ市内に宿泊し、2日目の午前中にポカラへ移動。トレッキングや遊覧飛行などを2日かけて楽しみ、カトマンドゥへ戻る。カトマンドゥ空港発の遊覧飛行は高高度を飛ぶのでエベレストの山頂が見られる確率が高い。朝のみのフライトなので、2日目の朝に組み込んでみるのもよい。4日目にカトマンドゥに戻り日本へ帰国。

白き峰を映す湖、世界の屋根に立つ！

#山岳

エベレストをはじめ標高8000m級の山々が連なるヒマラヤ山脈はまさに世界の屋根。ネパール、インド、中国などにまたがって約2400kmにもわたる広大な山系だ。かつて南半球にあったインド亜大陸が北上し、ユーラシア大陸とぶつかったのが5000万年前。北上しようとするインド亜大陸がユーラシア大陸のプレートの下にめり込み、長い年月をかけてヒマラヤ山脈が形成された。諸説あるが現在でも年間5mm～1cmという速度で上昇している。
エベレストやアンナプルナといった8000m超級の名峰は登山家の憧れ。とはいえドゥドゥ・ポカリの湖などのビューポイントから山々を見たり、遊覧飛行で見下ろしたりと、観光客でもヒマラヤの絶景と向き合う方法は色々ある。

128

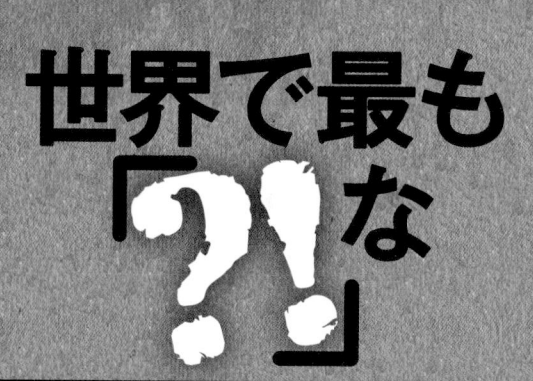

世界で最も「?!」な
WONDER SPOT

SPECIAL GUIDE

不安定な石	P.130
美しい図書館	P.134
迫力ある滝	P.138
愛あふれる島	P.140
恐ろしい吊り橋	P.142
幻想的な青の洞窟	P.146
不気味な洞窟	P.148
楽しいスケートリンク	P.152
鮮やかな花畑	P.154
妙なホテル&レストラン	P.158

世界で最も不安定な
石

落ちそうで落ちない、なぜそんな場所に岩があるのか? 見ていてハラハラする絶妙のバランスで静止する岩。自然のきまぐれ?

28

チャイティーヨーの
ゴールデンロック

Golden Rock at Kyaiktiyo Pagoda
>> ミャンマー

チャイティーヨー山の山頂に鎮座する黄金に塗られた岩。高さ約7mの仏塔が岩の上に建てられ、お釈迦様の頭髪が納められているとか。
ロケーション▶首都ヤンゴンから鉄道でバゴーまで行き、後はタクシーと徒歩。　起点の町▶バゴー　旅のウンチク▶山頂までは籠で担いでもらっても行ける

世界で最も「?!」な WONDER SPOT

131

29
シェラーグ・ボルテン
Kjeragbolten ▶▶ ノルウェー

フィヨルドが作った断崖と断崖の間にすっぽりと収まっている岩。パラシュートを背負って飛び降りるベースジャンピングのスポットでもある。

ロケーション▶リーセフィヨルド（→P.190）の奥部にある。岩までは片道5時間ほどのトレッキング。夏期のみツアーがある　起点の町▶スタヴァンゲル

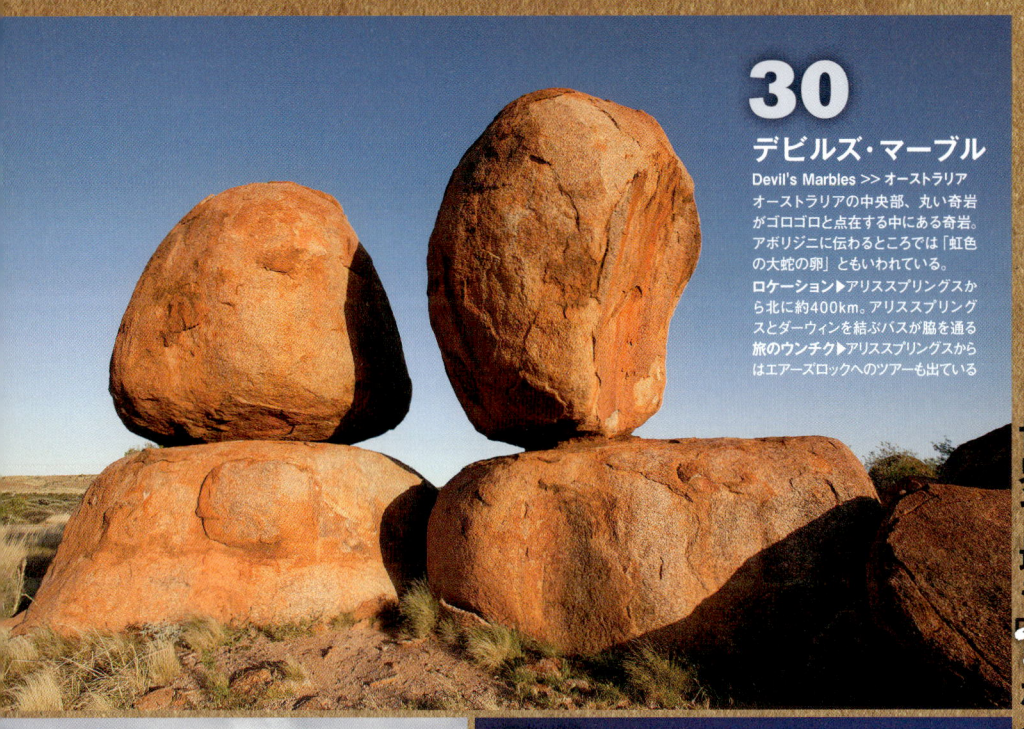

30 デビルズ・マーブル

Devil's Marbles >> オーストラリア

オーストラリアの中央部、丸い奇岩がゴロゴロと点在するかこの中にある奇岩。アボリジニに伝わるところでは「虹色の大蛇の卵」ともいわれている。

ロケーション▶アリススプリングスから北に約400km。アリススプリングスとダーウィンを結ぶバスが脇を通る
旅のウンチク▶アリススプリングスからはエアーズロックへのツアーも出ている

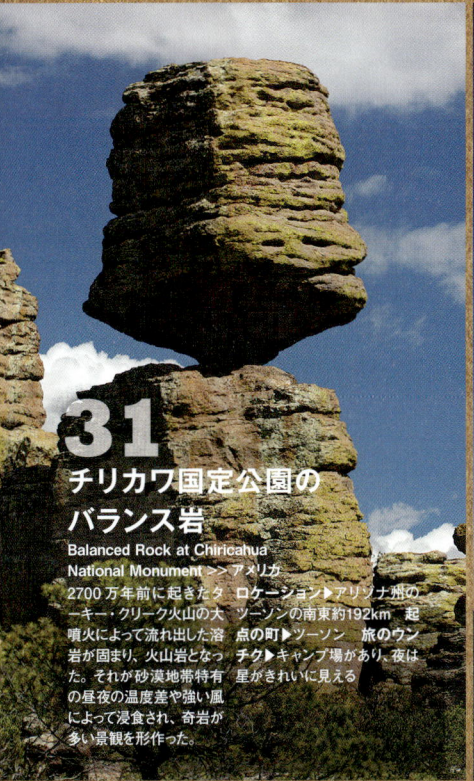

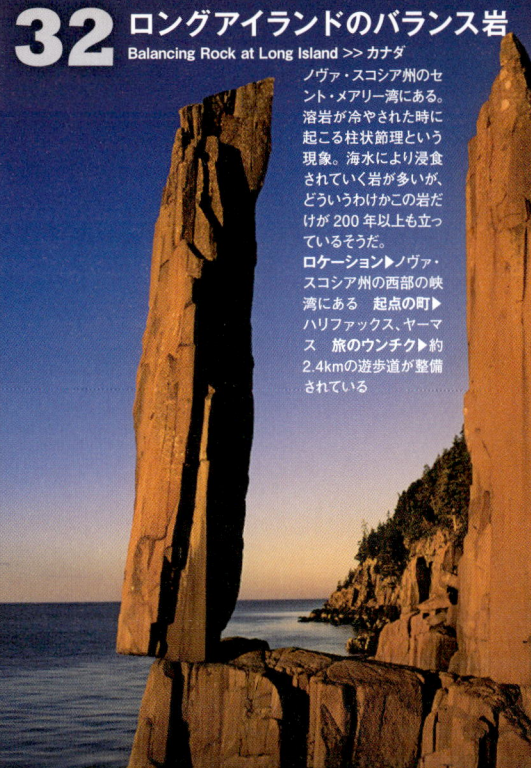

32 ロングアイランドのバランス岩

Balancing Rock at Long Island >> カナダ

ノヴァ・スコシア州のセント・メアリー湾にある。溶岩が冷やされた時に起こる柱状節理という現象。海水により浸食されていく岩が多いが、どういうわけかこの岩だけが200年以上も立っているそうだ。

ロケーション▶ノヴァ・スコシア州の西部の峡湾にある　**起点の町▶**ハリファックス、ヤーマス　**旅のウンチク▶**約2.4kmの遊歩道が整備されている

31 チリカワ国定公園のバランス岩

Balanced Rock at Chiricahua National Monument >> アメリカ

2700万年前に起きたターキー・クリーク火山の大噴火によって流れ出した溶岩が固まり、火山岩となった。それが砂漠地帯特有の昼夜の温度差や強い風によって浸食され、奇岩が多い景観を形作った。

ロケーション▶アリゾナ州のツーソンの南東約192km　**起点の町▶**ツーソン　**旅のウンチク▶**キャンプ場があり、夜は星がきれいに見える

世界で最も「?!」な WONDER SPOT

133

33
幻想図書館
Royal Portuguese Cabinet of Reading
>>ブラジル

1887年に完成したマヌエリズム様式の図書館。約35万冊のポルトガル語で書かれた書物を所蔵している。16世紀に活躍したポルトガルの詩人カモンイスの著作など貴重な書籍も多く収蔵する。
ロケーション▶リオ・デ・ジャ・ネイロの中心部、旧市街にある。最寄り地下鉄駅はウルグアイナなど　旅のウンチク▶月〜金曜9:00〜18:00のオープン

世界で最も美しい
図書館

宮殿のような図書館、白くモダンなデザインの書架、魔女に支配されそうな書の数々…。人類の叡智を超えたワンダーな図書館。

世界で最も「?!」な **WONDER SPOT**

34
ジェファーソン図書館
Library of Jefferson >> アメリカ

アメリカ議会図書館は1800年に開館したが、1814年にイギリスとの戦争で焼失。その後ジェファーソン元大統領の個人図書館を代用するとして1897年に現在の建物となった。現在では1億5500万冊という世界最大級の蔵書数を誇る。

ロケーション▶ワシントンD.C.国会議事堂の敷地内　起点の町▶ワシントンD.C.　旅のウンチク▶円形の閲覧室は館内ツアーで外側から見学可

35
メルク修道院図書館
Library in Melk Abbey
>> オーストリア

ドナウ川沿いの世界遺産ヴァッハウ渓谷にある、11世紀創建のベネディクト派修道院。美しいフレスコ画に彩られた図書館には中世に書かれた手書き写本など多くの文書が所蔵されている。

ロケーション▶ウィーンから列車で約1時間15分のメルク下車　起点の町▶ウィーン、リンツ　旅のウンチク▶夏は自由に見学できるが冬は館内ツアーのみ

世界で最も「?!」な WONDER SPOT

36
シュトゥットガルト市立図書館

Stuttgart City Library >> ドイツ 韓国人建築家、イ・ウンヨンによる設計で縦横9列の立方体で構成された近未来的な外観。内部は白を基調としており、まるでだまし絵のように各フロアが階段でつながっている。
ロケーション▶シュトゥットガルト中央駅の北側。Uバーン5、6、7番などで市立図書館下車　旅のウンチク▶見学ツアーはないがオーディオガイド（英語）の貸し出しあり

137

37
ヴィクトリアの滝
Victoria Falls
>> ザンビア／ジンバブエ

ザンベジ川の渓谷にある滝で約1.7kmの幅で最大落差は約108m。水量が多いのは雨期の2〜5月で4月が最も水量が多くなる。
ロケーション▶ザンビアとジンバブエの国境にある。ジンバブエ側の町、ヴィクトリア・フォールズが観光の起点 **旅のウンチク▶**乾期は水量が少ないが、滝壺まで見られる

世界で最も迫力ある
滝

圧倒的な水量と、地響きのような轟音を上げて流れ落ちる瀑布の光景は地球パワー全開のワンダースポット。

38 イグアスの滝
Iguasu Falls
>> ブラジル／アルゼンチン

ラプラタ川の水系のひとつ、イグアス川にある。水量という観点から見れば世界最大。数百にも及ぶ滝からなり、最大規模のものは「悪魔ののど笛」というＵ字型の滝で、落差は約82m。

ロケーション▶ブラジルとアルゼンチン両国にまたがっており、ブラジル川の起点はフォス・ド・イグアス、アルゼンチン側はプエルト・イグアス　旅のウンチク▶11〜5月が水量が多い

39 ヨセミテの赤い滝
Horsetail Falls of Yosemite >> アメリカ

エル・カピタンという世界最大級の一枚岩の東側に流れ落ちる滝。冬から春にかけてのみ出現する。2月の夕暮れ時には夕日に滝が染まる「ファイアーフォール」という現象で知られる。

ロケーション▶ヨセミテ国立公園は広大だが、この滝はバレーと呼ばれるエリア内。　起点の町▶ロッジなどの宿泊施設やスーパーはヨセミテビレッジにある。

40 ミッチェル滝
Mitchell Falls >> オーストラリア

オーストラリア西部の秘境、赤茶けた台地を流れるミッチェル川にある4連の階段状の滝。4つを合わせた落差は約60〜80m。

ロケーション▶西オーストラリア州のキンバリー地区にあり、バングルバングル（→P.166）と一緒に回るツアーで行ける　起点の町▶ブルーム、カナナラ

世界で最も「?!」な WONDER SPOT

139

41
ハートリーフ
Heart Reef >> オーストラリア

グレートバリアリーフにある、ハート型の珊瑚礁。愛のパワースポットとしても有名。カップルで見ると永遠の愛が約束されるとか。
ロケーション▶ハミルトン島近くのハーディリーフにあり、遊覧飛行で見ることができる　**旅のウンチク▶**遊覧飛行ではホワイトヘブンビーチ（→P.162）の上空も飛ぶ

世界で最も愛あふれる島

ハネムーナーのために神様が造ったハートの島。心がほっこりするロマンティックな島影が世界のあちこちにあった！

42
トゥパイ島
Tupai >> タヒチ

南太平洋の楽園、タヒチにある環礁。ハート型の環礁に縁取られたエメラルドグリーンの浅瀬もハート型になっている。
ロケーション▶ボラボラ島の北にあり、ヘリコプターの遊覧飛行で上空から見ることができる　**旅のウンチク▶**きちんと許可を取れば上陸して結婚式を挙げることもできる

43 タバルア島
Tavarua Island >> フィジー

島ひとつがまるごとリゾートアイランドとして開発され、プールやスパ施設も完備。山小屋風の素朴な建物が自然と調和している。

ロケーション▶ビチレブ島の中心都市ナンディの沖合にある　旅のウンチク▶ビッグウェーブが来ることで知られ、サーファーに人気が高い

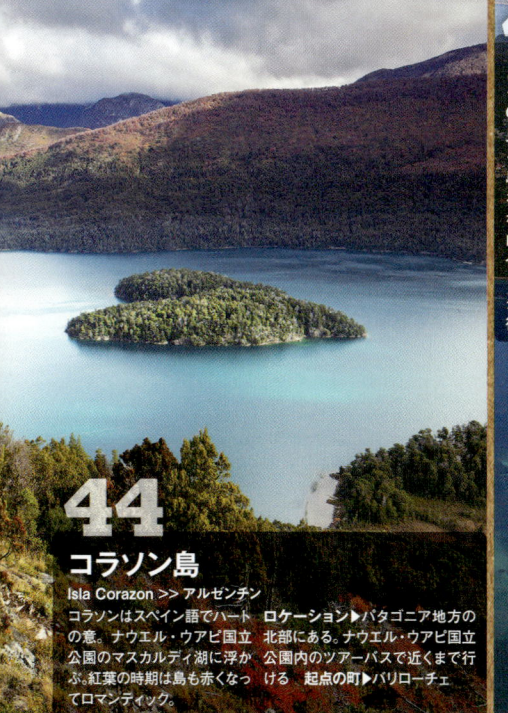

45 ガレシュニャク島
Galešnjak >> クロアチア

見る方向によってはハートっぽく見えるという島もある中、ガレシュニャク島は本当にきれいなハートの形をしており、19世紀には既に文献で記録されている。

ロケーション▶ダルマチア地方の沖合にある。本土のトゥラニィからボートをチャーターして近くまで行く。ザダル空港からヘリコプターの遊覧飛行が出ている　起点の町▶ザダル

44 コラソン島
Isla Corazon >> アルゼンチン

コラソンはスペイン語でハートの意。ナウエル・ウアピ国立公園のマスカルディ湖に浮かぶ。紅葉の時期は島も赤くなってロマンティック。

ロケーション▶パタゴニア地方北部にある。ナウエル・ウアピ国立公園内のツアーバスで近くまで行ける　起点の町▶バリローチェ

世界で最も「?!」な WONDER SPOT

141

世界で最も恐ろしい
吊り橋

ワイヤーや綱で吊るされて、風が吹けば上下や左右にしなる吊り橋。もしかしたら落ちるかもというスリルと絶景が超ワンダー！

世界で最も「?!」な WONDER SPOT

46
ロイヤル・ゴージ・ブリッジ
Royal Gorge Bridge >> アメリカ

268mという北米で最も高い所にある吊り橋。長さは384m。1929年11月に開通した。建設にかかった費用は現在の価値で約1800万ドルだとか。コロラド州を代表する観光名所になっている。

ロケーション▶コロラド州のデンバーから車で約2時間のキャニオンシティが最寄りの町　**旅のウンチク▶**橋を支える塔の上から宙づりになる恐いアトラクションがある

143

47
キャピラノ吊り橋
Capilano Suspension Bridge
\>> カナダ

針葉樹の森が広がるキャピラノ川の両岸の渓谷を結ぶ吊り橋。元々は1889年杉の板と綱を使って架けられ、現在の橋はワイヤー製で長さは約140m。

ロケーション▶バンクーバーの郊外にあり、町の中心からシャトルバスが出ている　**旅のウンチク▶**クリスマスシーズンには橋がイルミネーションで飾られてきれい

49 キャリック・ア・リード吊り橋
Carrick-a-Rede Rope Bridge
>> イギリス

荒々しい波が打ち返す北アイルランドの海岸にある吊り橋。長さは約20mで本土とキャリック・ア・リード島を結ぶ。遠目から見ると恐そうだがしっかりした作りなのでそれほど揺れないそうだ。
ロケーション▶イギリス領北アイルランド北部、世界遺産のジャイアンツ・コーズウェイの近くにあり、バスでも行ける

48 タフーン・フォレスト・エアウォーク
Tahune Forest Airwalk >> オーストラリア

タスマニアの原生林に設置された森林散策路。高さは25〜40m。吊り橋ではないので揺れることはあまりないが、ナンキョクブナやユーカリが伸びる太古の森を林冠と同じような高さから観察できる。
ロケーション▶タスマニア島の南部にあり、島の主要都市ホバートから車で約1時間30分。1日ツアーでも行ける

50 トリフト橋
Trift Bridge >> スイス

スイスアルプス中央部、トリフト氷河にある湖の上に2004年に架けられた吊り橋。長さは約170mで高さは約100m。氷河の後退で山小屋に行けなくなったために架けられた。
ロケーション▶ガドメンとゲッシネンの間にあるスステン峠近くのトリフトバーンというケーブルカーで近くまで行き、あとはトレッキング（往復で約90分）

世界で最も「?!」な WONDER SPOT

51
ディアマンティナ洞窟
Chapada Diamantina >> ブラジル
「ダイヤモンドの台地」を意味する国立公園内にある洞窟で「青い井戸」とも呼ばれている。底からはメガテリウムという巨大なナマケモノなど過去に絶滅した動物の骨が見つかっている
ロケーション▶ブラジル北東部、バイーア州にある。州都のサルバドールからツアーで行くことができる **旅のウンチク**▶ツアーで行けば洞窟で泳ぐこともできる

世界で最も幻想的な
青の洞窟

小さなボートで洞窟に入れば、一面の青い世界。洞窟に差し込む太陽の光が海底の白い岩に反射し、まるで宇宙に浮かんでいるようだ。

52
メリッサニ洞窟
Melissani Cave >> ギリシャ
ケファロニア島にある地底湖で、ギリシア神話に出てくる神パンを祀っていた聖なる湖。セノーテ(→ P.40)のようなカルスト地形の洞窟で、妖精像などが発掘された。
ロケーション▶ケファロニア島のサミからツアーで行くことができる **旅のウンチク**▶太陽の光が真上から差し込む正午ぐらいに行くのがベスト

53 カプリ島の青の洞窟
Grotta Azzurra >> イタリア

ナポリ湾の沖合に浮かぶカプリ島にある、青の洞窟の代名詞的存在。洞窟の入口が低いため、小型ボートで、かつ海面が穏やかでないと中に入れない。
ロケーション▶カプリ島からモーターボートで近くまで行き、手こぎの小型ボートに乗り換えて洞窟内に入る
旅のウンチク▶夏のシーズン中は混み合うので小型ボートの乗り換えでかなり待つこともある

54 ビシェヴォ島の青の洞窟
Modra Spilja >> クロアチア

19世紀にランゾネット男爵より発見された洞窟。当時は入口が海面下だったため、人の手によって洞窟の入口が掘削された。正午前の時間帯が一番きれいな色になる。
ロケーション▶ダルマチア地方に浮かぶヴィス島の近くにあるビシェヴォ島にある。ボートツアーで行くことができる
旅のウンチク▶すぐ近くにある緑の洞窟も美しい。

55 アンティパクソス島の青の洞窟
Blue Cave in Antipaxos >> ギリシャ

アンティパクソス島にある洞窟群。入口が大きく開いているので、ボートに乗って近づくのではなく、クルーズ船から海に飛び込んで泳いで行ける。周囲の海もエメラルドグリーンで美しい。
ロケーション▶イオニア諸島のパクソス島からクルーズツアーで行くことができる
旅のウンチク▶近くにあるレフカダ島は小泉八雲ことラフカディオ・ハーンゆかりの島

世界で最も「?!」な WONDER SPOT

56
クリスタル洞窟
Cueva de los Cristales >> メキシコ

まるで顕微鏡の世界を見ているかのような洞窟は巨大な結晶の柱が砂漠の地下約300mに広がっている。高温多湿の気候条件が約50万年続いたため、巨大な結晶が形成されたという。

ロケーション▶メキシコ北部チワワ州のナイカ鉱山の地下にある。高温多湿という、観光には過酷な気候条件に加え、稼働中の鉱山の地下にあるため、一般への公開は行っていない

世界で最も不気味な
洞窟

地球の鼓動を探るロマン、それが地底探検。雨水や地下水による浸食、火山活動などによってできた洞窟は、その入口かもしれない。

世界で最も「?!」な **WONDER SPOT**

57
スカフタフェットル の氷の洞窟
Ice Cave In Skaftafell
>> アイスランド

巨大な氷河、ヴァトナヨークトルの一部にできた氷の洞窟。氷河の先端部分に一時的にできるもので、常に見られるわけではない。氷河の圧力によって氷の中の気泡が少ないため青く見える。

ロケーション▶ヴァトナヨークトルの南端のスカフタフェットル国立公園にあり、レイキャヴィクから1日ツアーで行くことができるが、氷の洞窟は常に動いているため、出会えるかどうかは運次第

58
モンフォートバット 洞窟
Monfort Bat Caves
>> フィリピン

ルーセット・フルーツコウモリと呼ばれるオオコウモリが100万匹以上も生息するという、不気味さという意味では世界屈指の洞窟。洞窟は縦穴なので、上からコウモリの群れをのぞき込むことができる。

ロケーション▶ミンダナオ島とルソン島の間にあるサマル島にある　**旅のウンチク▶**夕暮れ前にコウモリが食料を探して洞窟から飛び立つ光景が見られる

59
ドラック洞窟
Cuevas del Drach >> スペイン

リゾートアイランドのマヨルカ島の東端にある洞窟。海水の浸食によってできた海蝕洞で、ボートに乗ってツアー形式で見学できる。洞窟の音響を利用したサプライズコンサートの演出あり。

ロケーション▶マヨルカ島東部のポルト・クリストからバスで行けるが、人気の観光地なので島の各地からツアーが出ている。冬期でも見学可能

60
サンタロザリアの洞窟教会
Santuario di Santa Rosalia >> イタリア

サンタロザリアは貴族の家に生まれたが、シチリア島の洞窟で修道生活を送った。後にペストが流行した時に現れて市民を救ったことから守護聖人となり、亡くなったとされる洞窟には教会が建てられた。

ロケーション▶洞窟教会はパレルモ郊外のペリェグリーノ山にあり、レンタカーかタクシーで行く 旅のウンチク▶7月15日はパレルモで聖ロザリアの祭りが盛大に行われる

世界で最も「?!」な WONDER SPOT

61
パテルスヴォルゼ湖の氷の道
Paterswoldse Meer
>> オランダ

グローニンゲンの街並みをバックにまるで海の上を滑っているようなパテルスヴォルゼ湖の天然スケートリンク。12〜2月は多くのスケーターでにぎわう。
ロケーション▶オランダ北部グローニンゲンの南にある　**基点の町**▶アムステルダム　**旅のウンチク**▶冬のシーズン中でも氷が薄くて滑れないこともある

世界で最も楽しい
スケートリンク

川や湖が凍結すれば天然のスケートリンクができあがる。寒くて曇天、憂鬱な気分を吹き飛ばしてくれる絶好のアウトドアスポットだ。

62 キンデルダイク
Kinderdijk >> オランダ

オランダの代名詞的存在で、世界遺産にも登録されている19基の風車群。真冬にはすぐ前の運河が凍結し、風車をバックに滑ることができる、絵になるスケートリンクとなる。
ロケーション▶ロッテルダムの郊外にあり、地下鉄とバスを乗り継いで行く **旅のウンチク▶** 4〜10月のシーズン中はロッテルダム発の運河クルーズで風車を眺められる

63 セントラルパーク
Central Park >> アメリカ

公園の美しい緑とマンハッタンの摩天楼をバックにスケートができるセントラルパークは、ニューヨークにある野外リンクの中でも人気のスポット。
ロケーション▶セントラルパークには2つスケートリンクがあるが、北側のウォルマン・リンクが景色がきれい
旅のウンチク▶金・土曜の週末は夜の11:00までオープンしている

64 后海
Houhai >> 中国

故宮の北西にある2つの湖は、什刹海という名前で、前海と後(后)海の2つの湖がつながっている。冬はスケートリンクとなり、イス型のソリで湖面を滑走する家族連れでにぎわう
ロケーション▶地下鉄6号線や2号線で行ける。湖畔は人力車で回れる。
旅のウンチク▶湖畔には屋台が並ぶが、一部はバーが並ぶ人気のおしゃれスポットもある

世界で最も「?!」な **WONDER SPOT**

世界で最も鮮やかな
花畑

春や夏の訪れとともに、地平線のかなたまで敷き詰められる一面の花の絨毯。見られるシーズンが短いからこその絶景スポット。

65
アンダルシアの ひまわり畑
Sunflower Field in Andalusia
>> スペイン

アンダルシアのヒマワリのシーズンは6月。スペインらしい強烈な日差しの下、無数のヒマワリがアンダルシアのなだらかな丘陵を埋め尽くす。
ロケーション▶コルドバやセビーリャ、マラガなどアンダルシアの町の郊外には大抵ヒマワリ畑が広がっている **旅のウンチク▶**スペインの北部地方なら8月にもヒマワリの花が見られる

世界で最も「?!」な WONDER SPOT

66 プロヴァンスのラベンダー畑
Lavender Field in Provence
>> フランス

6月後半から7月にかけての短い間に南仏プロヴァンスのラベンダー街道は満開の紫色の花の絨毯で覆われる。各地では収穫を祝う祭りが盛大に開かれ、収穫されたラベンダーはオイルや石けんへと加工される。

ロケーション▶アヴィニョンの東、デュランス川沿いなどの高原地帯が主な栽培地。セナンク修道院やムスティエ・サント・マリーなど **基点の町▶** アヴィニョンやエクス・アン・プロヴァンスからツアーで行ける

67 グラン・プラスのフラワーカーペット
Flower Carpet
>> ベルギー

世界遺産のグラン・プラスを埋め尽くす、約75万ものベゴニアの切り花。一つひとつ丁寧に配置され、巨大な花の絵画を形作るフラワーカーペットは2年に1度、8月の数日間のみの開催だ。

ロケーション▶ブリュッセル中心部のグラン・プラスで行われる。次回は2014年の予定 **旅のウンチク▶** 1平方メートルあたり約300個のベゴニアが敷き詰められているとか

68
オランダの
チューリップと風車

Tulips and Windmill >> オランダ

これぞまさにオランダという組み合わせだが、意外と絵になる場所が多くはない。北海に面したオランダ北部のゼイプ近郊には世界屈指の規模のチューリップ畑が広がり、風車や牧草地もある、非常に絵になるスポットだ。

ロケーション▶ゼイプはアムステルダムの北約100kmにある。レンタカーの利用が便利　**旅のウンチク▶**すぐ近くのアルクマールはチーズ作りで有名。夏の毎週金曜の昼にチーズ市が開かれる

世界で最も「?!」な WONDER SPOT

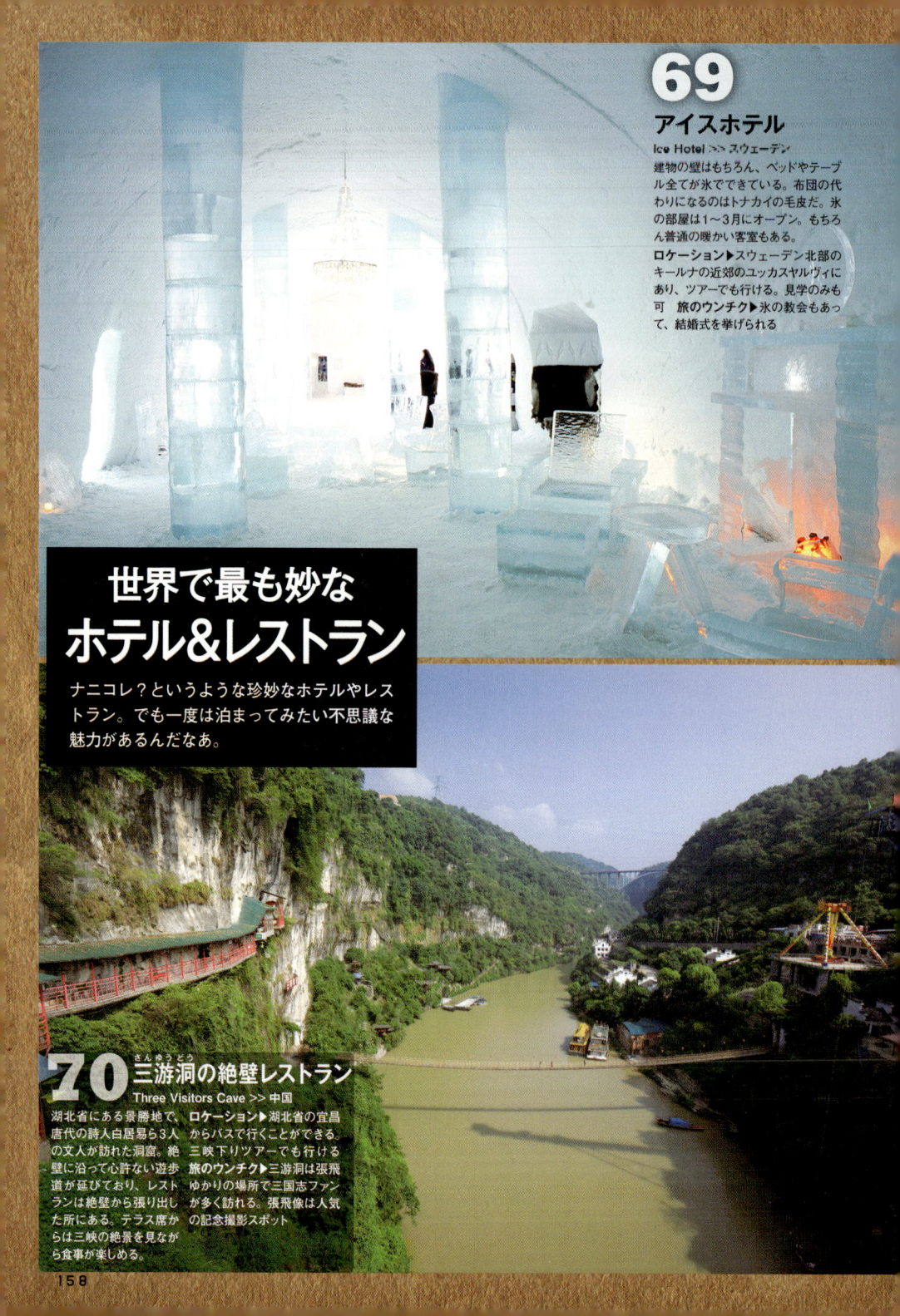

69 アイスホテル
Ice Hotel >> スウェーデン

建物の壁はもちろん、ベッドやテーブル全てが氷でできている。布団の代わりになるのはトナカイの毛皮だ。氷の部屋は1〜3月にオープン。もちろん普通の暖かい客室もある。
ロケーション▶ スウェーデン北部のキールナの近郊のユッカスヤルヴィにあり、ツアーでも行ける。見学のみも可 **旅のウンチク▶** 氷の教会もあって、結婚式を挙げられる

世界で最も妙な ホテル&レストラン

ナニコレ？というような珍妙なホテルやレストラン。でも一度は泊まってみたい不思議な魅力があるんだなあ。

70 三游洞の絶壁レストラン
Three Visitors Cave >> 中国

湖北省にある景勝地で、唐代の詩人白居易ら3人の文人が訪れた洞窟。絶壁に沿って心許ない遊歩道が延びており、レストランは絶壁から張り出した所にある。テラス席からは三峡の絶景を見ながら食事が楽しめる。
ロケーション▶ 湖北省の宜昌からバスで行くことができる。三峡下りツアーでも行ける **旅のウンチク▶** 三游洞は張飛ゆかりの場所で三国志ファンが多く訪れる。張飛像は人気の記念撮影スポット

71
マジック・マウンテン・ホテル
Magic Mountain Hote >> チリ

火山を模した円錐状に延びる建物の頂上からは滝のような水流が容赦なく流れ落ちる。奇抜な外観だが、自然保護区内にあるエコロッジのひとつで、客室には木の幹をくりぬいたバスタブもある。

ロケーション▶サンティアゴから南へ約860km。パタゴニア地方、ウィロウィロ自然保護区にある 旅のウンチク▶同じ保護区内にバオバブ・ホテルという変わった形のホテルもある

73
イグルー・ヴィレッジ
Igloo Village >> フィンランド

ラップランド地方の北極圏内のカクシラウッタネン村の森にある。かまくらのような雪できた客室や、天井部分が特殊なガラスになっていて寝転がってオーロラが鑑賞できる部屋がある。

ロケーション▶ラップランドのサーリセルカという起点の町からタクシーで行く 旅のウンチク▶サーリセルカにあるサンタクロースのテーマパークはホテルと同じ経営

72
シャフベルク山の山岳ホテル
Schafberg Berghotel >> オーストリア

ヴォルフガング湖を見下ろす標高1780mのシャフベルク山の頂に立つ。山頂近くの駅からホテルの正面を見ると、よくありがちな山小屋風のホテルなのだが、その裏側は想像を超える断崖絶壁だ。

ロケーション▶ザルツブルクの東にあり、ヴォルフガング湖の麓から山岳鉄道で頂上まで行ける。基点の町▶ザンクト・ヴォルフガング、ザルツブルク 旅のウンチク▶大きな荷物はホテルの食材運搬用エレベーターで運んでもらえる

世界で最も「?!」なWONDER SPOT

159

世界で最も「?!」な

WONDER SPOT

http://www.seibidoshuppan.co.jp/

太平洋 オセアニア
Pacific Ocean and Oceania
WONDER SPOT

74 ホワイトヘブンビーチ
オーストラリア　P.162

75 バングルバングル
オーストラリア　P.166

76 ダイヤモンドヘッド
ハワイ(アメリカ)　P.170

77 ナ・パリ・コースト
ハワイ(アメリカ)　P.176

78 ロックアイランド
パラオ　P.180

79 【コラム】
グレートバリアリーフの珊瑚
オーストラリア　P.186

74
青い海に迫る白砂の
マーブル模様に足跡を残せ！

ホワイトヘブンビーチ
Whitehaven Beach　オーストラリア

河口のように切れ込んだ入り江が絶景。

入り江を見渡せるヒル・インレット展望台まで行ってみよう！

塩湖のように真っ白な遠浅がどこまでも続く

1 干潮時には砂が露出して真っ白い海になる 2 青い海と白砂が入り交じって美しいマーブル模様を描く入江。潮の干満によって常にその模様が変わる

このあたりがホワイトヘブンビーチ

オセアニア

ホワイトヘブンビーチ
Whitehaven Beach

http://www.tourismwhitsundays.com.au（ウィットサンデー諸島観光局）

TRAVEL PLAN

ホワイトヘブンビーチ

世界遺産

74

旅の目安
>> アメージング度
>> 難度
>> 予算

15万円〜（大人1人当たりの予算）

ホワイトヘブンビーチ（オーストラリア）

アクセス
日本からケアンズまで直行便で7時間40分。飛行機を乗り換えてハミルトン島まで約1時間30分。ホワイトヘブンビーチのあるウィットサンデー島へは<mark>ハミルトン島発の各種ツアー</mark>で行くことができる。

ハミルトン島のハーバー

ベストシーズン
12〜4月は夏にあたる雨期、5〜11月は冬の乾期に分かれている。<mark>海がきれいでダイビングに最も適しているのが乾期の終わり頃の9〜11月。</mark>

旅のヒント
ビーチに船を横付けするのではなく、<mark>少し離れたところに停泊し徒歩でビーチまで歩いて行く。</mark>風が強い日はホワイトヘブンビーチへのクルーズが中止になることもある。

ツアー情報
日本からのツアーではケアンズとハミルトン島に宿泊する6日前後のツアーが出ている。ハミルトン島まで行けば島巡りのクルーズや遊覧飛行など色々なツアーが目白押しだ。

＋ モデルルート
成田を夜に出発すれば翌朝にケアンズで乗り換えてハミルトン島に午前中に到着。午後からバギーで島内を観光。2日目はホワイトヘブンビーチへのクルーズツアーに参加。3日目は遊覧飛行のツアーに参加。4日目は午後発の便でシドニーを経由して帰国の途へ。

ウィットサンデー諸島上空を遊覧するツアー

青い海に迫る白砂のマーブル模様に足跡を残せ！

白い砂と青い海のコントラストが印象的なホワイトヘブンビーチは、世界遺産に登録されている広大なグレートバリアリーフの中央部に位置するウィットサンデー島東側に7kmにわたって続いている。オーストラリアを代表する美しいビーチで、数々のビーチコンテスト（クイーンズランド州で最も美しいビーチ、世界のビーチベスト10など）で受賞歴がある。ハート型環礁のハートリーフ（→P.142）とともにグレートバリアリーフ観光の目玉となっている。ビーチ近くにある展望台からその絶景を目にしたい。
ビーチの白砂は、そのほとんどがガラスの材料である細かな石英でできているため透き通るように白い。ビーチを歩くと鳴り砂のように音が鳴るのも特徴。

#ビーチ

165

75

縞模様の小さなドームが無限に続く

バングルバングル
Bungle Bungle

オーストラリア

巨大なハチの巣みたい

1980年代に白人に「発見」されたばかりという、秘境中の秘境

地上から近づいてみるときれいなオレンジ色のストライプ

明るい色の層は粘土質が少ないから浸食が早く進むらしい

1 1980年代初めにオーストラリアのテレビで初めて紹介され、すぐに国立公園に指定された。ドームに登ったりするのはもちろん禁止　2 同じような地層が広大なエリアに広がっているが、ドーム状になっているのは浸食が進んだ末端部分のみ　3 カテドラル渓谷と呼ばれる天然のドーム形天井

オセアニア

バングルバングル
Bungle Bungle

http://www.westernaustralia.com（西オーストラリア州観光局）

TRAVEL PLAN
バングルバングル

世界遺産

75

旅の目安
>>アメージング度
>>難度
>>予算

30万円〜 （大人1人当たりの予算）

アクセス
パヌルル国立公園の最寄りの空港であるブルームまではシドニーまたはパース乗り換えで20〜24時間。ブルームから国立公園の玄関口のカナナラまで飛行機で約1時間30分。カナナラから各種ツアーで国立公園を観光する。

ベストシーズン
6〜9月は雨期で雨が多く降るため国立公園へ向かう道路が水没してしまいアクセス不能。10〜5月の乾期がベストシーズン。寒暖の差が激しく、乾期でも日中は30℃近く上がり、夜は霜が降りることもある。

旅のヒント
カナナラからパヌルル国立公園へ行く陸路は4WDでしか走行できない悪路が続くので、レンタカーを使って個人で行くのはかなり困難だ。

ツアー情報
日本発着のツアーはほぼ皆無だが、カナナラまで飛行機を乗り継いで行けば現地発着のツアーが多数出ている。遊覧飛行で上空からバングルバングルを眺め、その後4WDで地上を観光するという1日ツアーのほか、1泊2日のキャンプツアーなどもある。

＋モデルルート
日本を出発しブルームに到着するのが2日目。ブルームからカナナラへの便は昼過ぎの便がほとんどなので間に合わない場合はブルーム泊。3日目にカナナラへ移動し、ツアーに参加。フライト込みで1泊2日のツアーなら周囲の見どころも見ることができ効率的だ。

アーガイル湖はオーストラリア西部最大の湖

縞模様の小さなドームが無限に続く

バングルバングル（パヌルル国立公園）はオーストラリアでも秘境中の秘境。バングルバングルとは地元アボリジニーの言葉で「砂岩」を意味する。この砂岩の地層は3億6000万年前のデボン紀に形成され、2000万年という長い年月をかけ、砂岩の塔となった。
独特の地形は、赤色の砂岩と黒色の粘土層が交互に層を成し、長い年月による風化と浸食によって蜂の巣のようなドームを形作っている。粘土層は水はけが悪く、微生物の繁殖の影響で黒くなった。一方砂岩は水はけがよく鉄分を多く含むため、赤色の地層となっている。

浸食と風化の過程で色々な形になった

#奇岩

169

76
ハワイを象徴する景観、そこには巨大クレーターが！

ダイヤモンドヘッド
Diamond Head

ハワイ（アメリカ）

クレーターの中に見えるのは
駐車場と公園事務所

この大きさは鳥の視点から
見ないとわからない！

171

ワイキビーチもハワイのシンボル。奥に見えるのがダイヤモンドヘッド

ダイヤモンドヘッド
Diamond Head

左頁：色々なマリンスポーツが楽しめるワイキキビーチ ❶ダイヤモンドヘッドの麓に広がるカピオラニ公園からの眺め ❷山の斜面にはかつて大砲が設置されていたこともある ❸ダイヤモンドヘッドがデザインされた1950年代の切手 ❹展望台の先にあるのは旧観測所跡。天体ではなく、海上防衛のために使われた

展望台までの階段はけっこう大変だけど、その甲斐あり！

ホノルルの町から虹が生えているみたい！

オセアニア

TRAVEL PLAN
ダイヤモンドヘッド

76

旅の目安
>>アメージング度
>>難度
>>予算

15万円〜（大人1人当たりの予算）

ダイヤモンドヘッド（ハワイ）

アクセス
日本からホノルル空港まで所要約8時間。観光に便利なワイキキ・トロリーのグリーンラインに乗ればホノルルからダイヤモンドヘッドの入口まで行くことができる。

ベストシーズン
11〜3月は雨期にあたり、なかでも1・2月の冬は最低平均気温が20℃を下回る日もある。とはいえ、年間を通じて温暖で、真夏は30℃を越えるが蒸し暑くはないので過ごしやすく通年がベストシーズンといえる。ちなみに毎週土曜の午前中と火曜の夕方には入口近くでKCCファーマーズ・マーケットが開かれ、地元のグルメを食べ歩きできるので、時間を合わせて行ってみたい。特に土曜の午前中に行けば朝日を見た後に朝食をとれる。

旅のヒント
ハイキングコースとして人気のダイヤモンドヘッドだが、コース内の道は未舗装で、トンネルの中も歩くので、ビーチサンダルやストラップ付きのサンダルではきつく、ケガをする危険があるので、履き慣れたスニーカーで行きたい。

ダイヤモンドヘッドの展望台

ツアー情報
バスで簡単にアクセスできる所だが、早朝発のダイヤモンドヘッドで朝日を見た後に人気のカフェに行ってハワイアン・ブレックファストをとるというモーニングツアーに現地で気軽に参加できる。ダイヤモンドヘッドを見下ろす遊覧飛行にもぜひ参加してみたい。ダイヤモンドヘッドと同じく火山の噴火でできたハナウマ湾のビーチは、オアフ島随一の美しさ。1日や半日ツアーでも人気の場所だ。

上空から見下ろしたダイヤモンドヘッド

ハワイを象徴する景観、そこには巨大クレーターが!

オアフ島を形作ったコオラウ火山の噴火によって多くのクレーターがオアフ島に造られたが、ダイヤモンドヘッドはその中でも最大のもの。ホノルルの町を見下ろす展望台の高さは約230m。ワイキキビーチや高層ビル群を一望のもとにできる絶景スポットだ。

ダイヤモンドヘッドという名前の由来は19世紀にこの地を訪れたイギリスの船員がキラキラと光る方解石をダイヤモンドと誤解したことによる。また、その地形から沿岸警備の要として第二次世界大戦中まで要塞としても機能していた。現在ではハワイ州の自然記念物として保護区のように扱われている。

気軽に行けるハイキングコースとして人気のスポットで、クレーター内を横切り、最後はトンネル内のきつい階段をのぼれば頂上の展望台へと出られる。

174

ダイヤモンドヘッド
Diamond Head

http://www.hawaiistateparks.org（ハワイ州立公園局）

モデルルート

DAY 1　成田、羽田などからホノルルへ

AM9:00　ワイキキ市内のホテルへ
各空港を夜に出発する便に乗ると、ホノルルに朝8:00～10:00頃に到着する。市内のホテルに移動。できれば部屋からダイヤモンドヘッドが見える客室に泊まりたい。

PM3:00　遊覧飛行で上空からダイヤモンドヘッドを見下ろす
遊覧飛行のツアーは午前中1回、午後2回ほどスタートすることが多い。18:00頃ホテルを出発するナイトフライトもおすすめだ。

デッカイアナダネ！

上空から見るとダイヤモンドヘッドのクレーターの大きさがよくわかる

DAY 2　早起きしてダイヤモンドヘッドで朝日を見るハイキングへ

AM5:00
朝5:00頃ホテルを出発し、ハイキングを楽しみながらダイヤモンドヘッドの展望台へ。

入口近くと展望台前の2カ所にトンネルがある

PM1:00　午後はマノアの滝を目指す半日ハイキングへ 
ジャングルの中の遊歩道を歩きながら熱帯の植物を観察できる。ホテル帰着は17:00頃。

DAY 3　ハナウマ湾のビーチで1日のんびり

AM7:00
朝にホノルルのホテルを出発。ハナウマ湾はワイキキから車で約30分。スノーケリングの道具はレンタル可能。ハナウマ湾は自然保護区になっているため、規則などを説明するビデオを入域前に見なければいけない。
食事できる場所は限られるので食料や飲料水を出発前に調達しておこう。

火山活動でできた丸い形のハナウマ湾

DAY 4,5　ホノルル空港から帰国

お昼前後の便でホノルルを出発すると翌日の午後～夕方に日本に到着する。

+3 DAYS

ハワイ島の火山へ行ってみよう
ビッグアイランドことハワイ島へはオアフ島から国内線の飛行機で約40分。オアフ島のダイヤモンドヘッドを造ったコオラウ火山は既に死火山となっているが、ハワイ島では現在でも活発に活動する火山の様子を間近に見ることができる。なかでもキラウエアにはいくつもの火口があり、冷えて固まった溶岩流や火山活動でできた溶岩の荒野などを見ることができる。ハワイ島発の1日ツアーでは世界遺産のハワイ火山国立公園とハワイ島最高峰のマウナケア山からの夕日を楽しむことができる。キラウエア上空を遊覧するヘリコプターツアーも参加したい。

ハレマウマウの火口

#火山　#ビーチ

175

77
ひだをよせる優しくも険しい
ベルベットグリーンの山肌

ナ・パリ・コースト
Na Pali Coast

ハワイ（アメリカ）

山の影から恐竜が顔を出しそう

ヘリコプターで山肌まで近づくと地形の偉大さがよくわかるよ

1 赤茶けた山並みが広がるワイメア渓谷 2 映画『ジュラシック・パーク』でヘリの発着地のロケ地になったマナワイオプナの滝。ヘリコプターの遊覧ツアーで近くに着陸できる 3 周囲を緑に囲まれたワイルア滝。落差は約36m 4 カウアイ島はフラ発祥の地ともいわれ、フラの聖地がある

島の秘境にあるマナワイオプナの滝は高さ約110m

ワイルアの滝は滝壺で泳げる人気スポット！

オセアニア

ナ・パリ・コースト
Na Pali Coast

http://www.gohawaii.com（ハワイ州観光局）

TRAVEL PLAN
ナ・パリ・コースト

77

ひだをよせる
優しくも険しい
ベルベットグリーンの山肌

映画『ジュラシック・パーク』の撮影でロケ地として知られるナ・パリ・コーストはカウアイ島の北西部に約27kmにわたって延びる断崖絶壁が続く海岸。カウアイ島は、ほかの島々と同じく火山活動でできたが、成立は最も古く、500〜600万年前に海上にクレーターが隆起してできたと考えられている。その後の噴火で吹き出た溶岩流がクレーターの窪みを埋めていき、島の形ができ上がっていった。ナ・パリ・コーストやワイメア渓谷は長い年月による浸食や風化によって形成された。

ワイメア渓谷を見下ろすプウ・ヒナヒナ展望台

旅の目安
>>アメージング度
>>難度
>>予算

20万円〜（大人1人当たりの予算）

アクセス
日本の空港を夜に出るとその日の午前中にホノルル空港に到着。そこから飛行機を乗り換えれば約35分でカウアイ島のリフエ空港に到着することができる。

ベストシーズン
カウアイ島には高低差やさまざまな地形があることに加え、湿り気を帯びた貿易風が島の中央にあるワイアレア山にぶつかることで大量の雨を降らせる。この貿易風は島の北西部から吹き込むため、曇天が続くことが多い。その反対側は晴れていることが多い。これといったベストシーズンはないが、比較的雨が少ないのは6〜9月。

旅のヒント
島の海岸沿いは道路がよく整備されているので、レンタカーでも周遊することができる。ただし、ナ・パリ・コーストには自動車が通れる道はなく、トレッキングコースのみ（最低2泊での装備必須）。そのためクルーズや遊覧飛行で海岸線を見ることになる。

ツアー情報
カウアイ島までのフライトとホテル3泊がセットになった5日間のツアーが出ているが島内ツアーは基本的にオプション。ナ・パリ・コーストへの現地発着ツアーはカタマラン船で行く1日クルーズのほか、リフエ空港発着のヘリコプターによる遊覧飛行などがある。ワイメア渓谷やワイルア川下りなど島の見どころを巡るツアーも人気。

➕ モデルルート
日本を出発し、その日のうちにオアフ島からカウアイ島へ移動。リフエ空港に着いたらそのままヘリコプターの遊覧飛行へ。2日目と3日目はナ・パリ・コーストのクルーズや島内1周ツアーに参加。4日目にホノルル経由で帰国。

\#断崖 \#滝

179

78
珊瑚礁が隆起した島の間を
白帯のラグーンが繋ぐ

ロックアイランド
Rock Islands

パラオ

ヘリコプターから見下ろした
セブンティアイランド

ホントは40コぐらいし
か島がないんだけど

ラグーンの白から群青の海へのグラデーションがきれい

小さな島は緑のキノコみたいに見えるね

ロックアイランド
Rock Islands

左頁：ヘリコプターの遊覧飛行ならセブンティアイランドまで1時間ほどで行って帰ってこれる　**1**島と島の間をつなぐラグーン。なかには島と島の間が浅瀬のビーチでつながっている場所もある　**2**稀な珊瑚礁や熱帯魚の群れが見られるパラオの海　**3**沈んでいる漁船は人気のダイブスポット　**4**ナチュラルアーチはクルーズツアーで最初に寄ることが多い

183

オセアニア

TRAVEL PLAN
ロックアイランド

世界遺産

78

旅の目安

>>アメージング度
>>難度
>>予算

15万円〜 (大人1人当たりの予算)

ロックアイランド(パラオ)

アクセス

毎日ではないが、成田からパラオまで直行便が飛んでおり、所要約4時間30分という近さ。金曜の夕方に成田空港を出発し、3泊して月曜の早朝便に乗れば午前中に成田空港に戻ってくるという、週末旅感覚で行ける。グアム乗り換えだと乗り継ぎ時間も含めて8〜9時間。空港はバベルダオブ島にあるが中心地のコロール島とは橋で結ばれている。

ベストシーズン

平均気温が27〜28℃前後。年間を通じて雨が多く、降水量は日本の2倍以上。12〜6月が一応乾期とされており、天候も比較的安定しているのでおすすめ。7・8月は最も降水量が多く、台風が発生することもある。とはいえ、発生源に近いので日本に上陸する時ほど大きくはなっていないことが多い。

旅のヒント

基本的に日本の夏の服装で通年大丈夫。日差しが強いので日焼け対策は必須。乾期でもスコールが降るので、雨具の用意を。

ツアー情報

ホテルと往復フライトがセットになった5日間前後のツアーが出ており、直行便のツアーも人気が高い。ほかにもグアムと一緒に回る6〜7日間のツアーもある。ダイバーに人気の場所だけあって、ダイビングツアーも日本からたくさん出ている。現地発着のツアーでは各種マリンスポーツのほか、キハダマグロなどの大物を狙うトローリングツアーもパラオならでは。多くのオプショナルツアーが日本語ガイド付き、または手配可能というのもうれしい。

パラオはダイバー天国

珊瑚礁が隆起した島の間を白帯のラグーンが繋ぐ

大小約580もの島々から成り立つパラオ。そのうち人が住む島はわずかで、多くは手つかずの自然が残る無人島だ。総人口の半分以上が住むコロール島は日本統治時代に南洋庁が置かれ多くの日本人が暮らしていた。

ロックアイランドはコロール島からペリリュー島の間にある島々の総称で、その数は250以上。2012年にパラオ初の世界遺産として登録された。クジラの形をしたホエールアイランドやアントニオ猪木氏が名誉オーナーというイノキ・アイランドなどがある。

マカラカル島の内陸には淡水と海水が混ざった汽水湖がある。そのなかでも毒性の弱いクラゲが大量に生息するジェリーフィッシュレイクはクラゲと一緒に泳いだりできる幻想的な場所だ。

ロックアイランド
Rock Island

http://www.palau.or.jp（パラオ政府観光局）

モデルルート

DAY 1 成田から直行便または グアム経由でパラオへ

夜〜深夜 コロール島のホテルへ
直行便なら同日の深夜に空港に到着。グアム経由の便は午前中に成田を出れば夜にはパラオに到着。グアムでの乗り換えの際に入国カードを記入しなければいけないので覚えておこう。ソウル経由の便だと翌日早朝に到着する。

DAY 2 ロックアイランドへの1日 スノーケリングツアー

AM9:00 クルーズ船に乗って出発
送迎車で埠頭まで行き、クルーズ船に乗って出発。スノーケリングに必要なライフジャケットやスノーケルのレンタル費用もツアーに含まれていることが多い。

シゼンノチカラデデキタンダ

ナチュラルアーチは記念撮影スポット

AM9:30 ミルキーウェイで泥パック
ミルキーウェイと呼ばれる一帯には乳白色の泥が沈んでいる。周囲はその泥が溶け出して入浴剤を入れたお風呂のようだ。これを船上に持ってきて参加者みんなでこねてから顔や体にパック。もちろん美肌効果がある。

上空から見ると海水の色が違うのがよくわかる

AM11:00 ジェリーフィッシュレイクで クラゲと一緒に泳ぐ 
ここに棲むタコクラゲは毒性が低いため、クラゲに囲まれて泳ぐことができる。この湖以外にもクラゲはいるが、もちろん毒があるので触れないように注意しよう。

数百万匹ものタコクラゲが生息しているといわれている

PM2:00 無人島でランチタイムの後、 スノーケリング
ツアーによってランチをとる島は色々。午後はロックアイランドをクルーズしながら何か所かでスノーケリングを楽しむ。フィンとスノーケルを着けて、海面に漂うようにして海中観察をじっくり楽しもう。コロール島へ戻るのは大体16:00過ぎぐらい。

海中を覗くだけでもこんな魚の群れが

DAY 3 ロックアイランドを空から堪能 遊覧飛行

午前中 
ロックアイランドの美しさは上空から見て初めてわかる。セブンティアイランズも上から見てその名前に納得できる。15〜45分のフライトがあるが短いコースだとセブンティアイランズまで行かないことが多い。

DAY 4 直行便、またはグアム経由で 日本へ帰国

午前中
日本への帰国便や乗り継ぎ便は日付が変わった深夜か早朝に出発することが多い。グアムとパラオの間には1時間の時差があるので、待ち時間の買い物では注意しよう。

+1 DAYS

激戦地 ペリリュー島の戦跡へ
第二次世界大戦で圧倒的兵力と火力をもって「3日で落ちる」と豪語した米軍を相手に中川大佐率いる日本軍は70日間にわたって抗戦を続け、米軍に多大なる損害を与えた。ペリリュー島には当時の激戦の爪痕を今に残す戦跡が多く残っており、コロール島から1日ツアーで訪れることができる。

#島 #ビーチ

COLUMN_03

白い波頭に隠れ、密かに広がる色鮮やかな世界がここに

79
グレートバリアリーフの珊瑚
Underwater of the Great Barrier Reef>> オーストラリア
ロケーション▶オーストラリア北東岸に約2300kmに渡って広がる。沿岸の町で日本から直行便があるのはケアンズ　旅のウンチク▶南半球に位置しており、春先にあたる10〜11月が気候が安定し、水面も穏やかでスノーケリングやダイビングにはベストのシーズン。サンゴの産卵を見るならこの時期に行きたい

少し前まで、海の中がこんなにカラフルだなんて、知らなかった。サンゴでできている島があるなんて知らなかった。海にはまだまだ知らないことがたくさんあるに違いない。世界最大の珊瑚礁として世界遺産にも登録されているグレートバリアリーフは、総面積約34万4400km^{2}という広大なエリアに600種ものサンゴが生息している。魚だけでも1600種以上が確認されており、海鳥やウミガメの楽園でもある。カラフルな海中サンゴが見られるスポットでも有名なのは、ケアンズの沖合にあるアウターリーフと呼ばれるエリアだ。サンゴは毎年10〜11月の満月の数日後の夜に産卵するが、その光景はまるで海中に雪が降っているかのような美しいシーン。地球のあらゆる生物を育んだ母なる海だからこその神秘。

ヨーロッパ
Europe WONDER SPOT

- 80 トロルの舌
  ノルウェー　P.188
- 81 モンサンミシェル
  フランス　P.194
- 82 ロングリート庭園
  イギリス　P.200
- 83 ブルーラグーン
  アイスランド　P.204
- 84 アルベロベッロ
  イタリア　P.208
- 85 ヴェルサイユ宮殿
  フランス　P.214
- 86 アルハンブラ宮殿
  スペイン　P.220
- 87 パムッカレ
  トルコ　P.224
- 88 カッパドキア
  トルコ　P.230
- 89 アントニ・ガウディの建築
  スペイン　P.236
- 90 プリトヴィッツェ湖沼群
  クロアチア　P.242
- 91 セゴビアの水道橋
  スペイン　P.248
- 92 グトルフォス
  アイスランド　P.252
- 93 トルコのモスク
  トルコ　P.258
- 94 [コラム]愛のトンネル
  ウクライナ　P.264

ハダンゲルフィヨルドの真上に突き出た「トロルの舌」は高さ1000m！

ここまで歩いて片道4〜5時間。鳥でよかった！

80

高さ1000m！
断崖絶壁に突き出た「妖精の舌」

トロルの舌
Trolltunga

ノルウェー

プレーケストーレンはノルウェー語で「演説台」の意味なんだって

下のフィヨルドを行くクルーズ船まで声が届くかな?

トロルの舌
Trolltunga

左頁：リーセフィヨルドを直下に見下ろすプレーケストーレンの一枚岩　**1** 鏡のように稜線を映し出すガイランゲルフィヨルド　**2** リーセフィヨルドの頂から舞い降りるパラグライダー　**3** ガイランゲルとヘレシルトを結ぶフェリー　**4** ガイランゲルフィヨルドに流れ落ちる7人姉妹の滝。落差は約250m

7人姉妹の滝のすぐ反対側に「求婚者」の滝があるよ

ヨーロッパ

TRAVEL PLAN
トロルの舌

80

旅の目安
>>アメージング度
>>難度
>>予算

40万円～ （大人1人当たりの予算）

トロルの舌（ノルウェー）

アクセス
北欧のハブ空港であるコペンハーゲン・カストロップ空港まで約11時間30分。同日乗り継ぎはできないが、リーセフィヨルドへの起点となるスタヴァンゲルまで1時間10分。

スタヴァンゲルの港

ベストシーズン
6～8月は日照時間も長く、天候も安定しているベストシーズン。世界中からの観光客で混雑するので、フィヨルドビューの人気ホテルに泊まる場合は早めに押さえたい。9月下旬から10月は少し寒くなるが紅葉のシーズンだ。なお、プレーケストーレンやトロルの舌に登頂できるのは夏期のみ。

ソグネフィヨルドにあるホテル

旅のヒント
プレーケストーレンやトロルの舌など展望スポットへは基本的に徒歩。スニーカーなどウオーキング用の靴は必須。クルーズ船上が風が強いこともあるので夏期でもアウトドアジャケットの用意をしておこう。

ツアー情報
日本からはリーセフィヨルドとソグネフィヨルドを回る1週間前後のツアーが出ているが、ハダンゲルフィヨルドのトロルの舌へ行くツアーはない。ベルゲンやスタヴァンゲルなど観光の起点となる町へ行けばバスやクルーズなど現地発着ツアーに参加できる。どのフィヨルドもバスやフェリーといった公共交通が整備されており、乗り継ぎもきちんと計算されているので個人でも充分回ることができる。また、Norway in a nutshell という鉄道やフェリー、バスが含まれたお得な周遊券もある。

フィヨルドへの起点となるベルゲン

高さ1000m!
断崖絶壁に突き出た
「妖精の舌」

フィヨルドは氷河の浸食作用によってできた峡湾。川のごとく少しずつ進む氷河の動きによって谷底が深く削られていったのだが、この掘削力はフィヨルドの中心地（中流域）に行くほど強くなり、場所によっては1000mの深さに達することもある。
ノルウェーに数多くあるフィヨルドのなかでもガイランゲル、ノール、ソグネ、ハダンゲル、リーセの5つのフィヨルドが特に有名で観光地としても人気がある。

リーセフィヨルドのプレーケストーレン

192

トロルの舌
Trolltunga

http://www.visitnorway.com（ノルウェー観光局）

モデルルート

DAY 1 成田からコペンハーゲン経由でベルゲンへ

PM10:00
成田発の便でコペンハーゲンで乗り換えればその日のうちにベルゲンに到着できる。翌日からの観光に備えて早めに寝ておこう。

DAY 2 ハダンゲルフィヨルドをクルーズ

AM7:30
大きな荷物はベルゲンのホテルに預け、1泊分の着替えを持って出発。7:30発のバスに乗り、ノールハイムスンで8:55発のクルーズ船に乗り換え。終点のアイフィヨルドまで行き、ランチタイム。

のどかな風景が続くハダンゲルフィヨルド

PM2:40 復路の船でロフトースへ
アイフィヨルド発14:40の船でロフトースまで行き下船。1時間ほどの待ち時間があるが17:45発のバスでオッダへ行き、ホテルへ

2日目はオッダの町で宿泊

DAY 3 坂道と階段を登り 標高約1000mのトロルの舌へ

AM10:00 ガイド付きツアー
トロルの舌へのトレッキングルートはオッダから北東に行ったチュースダールがスタート地点。10:00発のガイド付きツアーに参加。往復で8～10時間かかるので、ランチは用意しておこう。

PM3:00 トロルの舌の登頂に成功
フィヨルドに突き出たトロルの舌で絶景写真を撮ったら下に降り、20:35発のバスでベルゲンへ戻る。所要約3時間30分。

トリデモコワクナリソウ

まさに秘境の絶景

DAY 4 列車とフェリーでソグネフィヨルド観光

AM8:40 景勝路線のフロム線に乗車
ベルゲン発ミュールダール行きの列車で出発。ミュールダールでフロム線に乗り換え、車窓を満喫。フロムに着いたらランチタイム。

急勾配をゆっくり進むフロム線

PM1:20 フェリーに乗ってグドヴァンゲンへ
13:20発のフェリーで2時間10分のクルージングを楽しむ。グドヴァンゲンに到着したらバスに乗ってヴォスへ行き、列車に乗り換えてベルゲンに戻り、夜の飛行機でスタヴァンゲルへ。

ソグネフィヨルドを行くフェリー

DAY 5 自然が作った驚異の展望台 プレーケストーレンへ

AM8:00 フェリーとバスでプレーケストーレン入口へ
8:00発のフェリーでタウまで行き、バスに乗り換えてプレーケストーレンヒュッテまで1時間15分。片道約2時間のハイキングに出発。途中岩がちな所もあるので歩きやすい靴は必須。

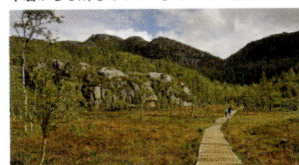

プレーケストーレンへのハイキングコース

もう1日時間があればリーセフィヨルドのクルーズを楽しみつつ、プレーケストーレンを下から眺めたり、シェラーグ・ボルテンの岩（→ P.132）まで行くトレッキングを楽しめる。

DAY 6,7 コペンハーゲン経由で日本への帰路へ

#フィヨルド #湖

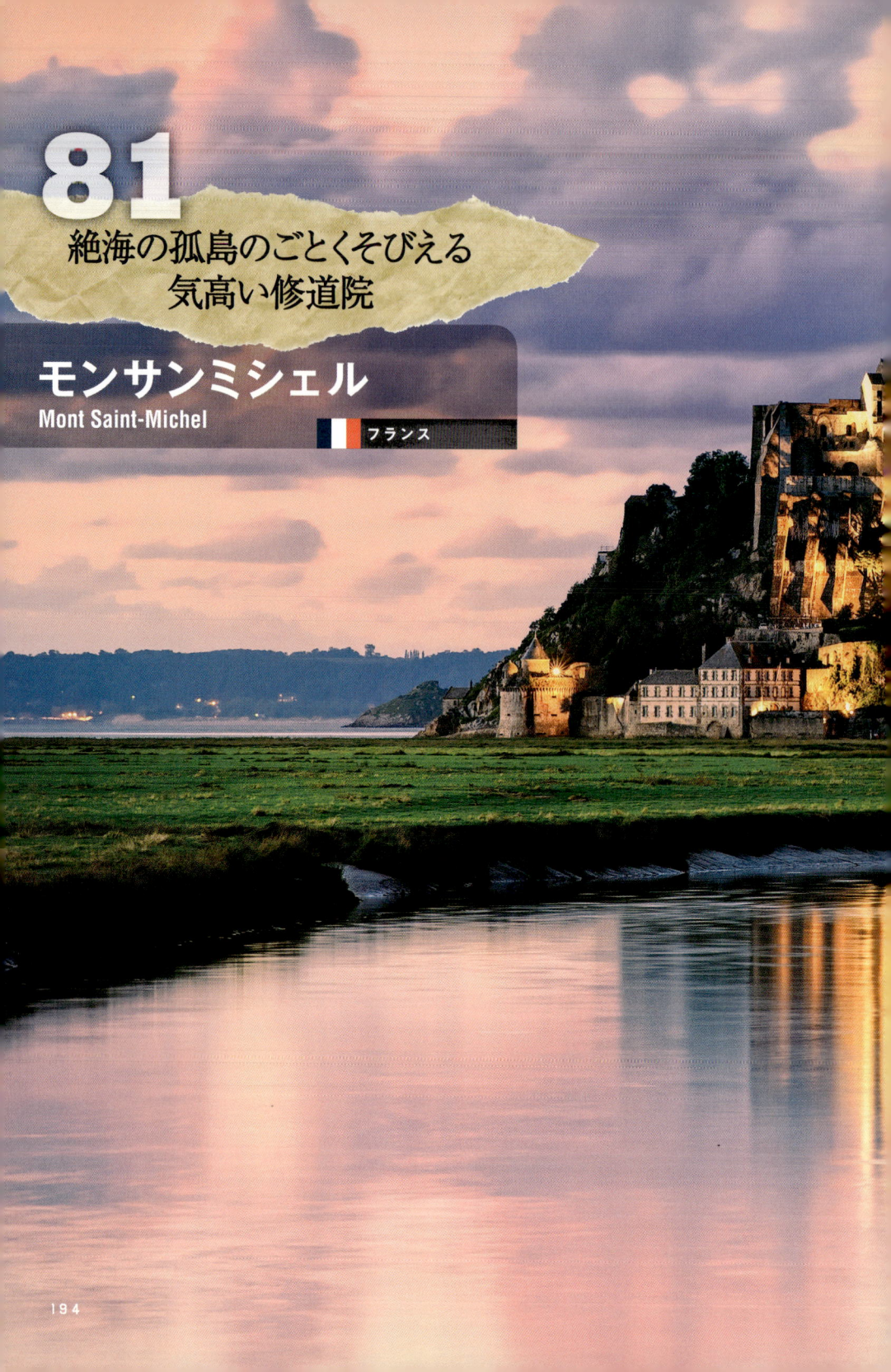

81
絶海の孤島のごとくそびえる気高い修道院

モンサンミシェル
Mont Saint-Michel　　フランス

日没前の姿がいちばんロマンティック

近くに泊まって絶対見てみたい！

修道院の周囲の牧草地にはかわいいヒツジがたくさん放牧されている

ヒツジが食べている草に海水が含まれているから臭みの少ないオイシイお肉に！

モンサンミシェル
Mont Saint-Michel

1 絵ハガキでよく見るヒツジとモンサンミシェルの組み合わせ　2 騎士の間はゴシック様式の柱とアーチで構成されている　3 修道院の最上階にある中庭は修道士の瞑想の場だった　4 日没直後のライトアップされた修道院　5 修道院へ続くグラン・リュにはみやげ物屋やレストランが並ぶ。名物の巨大オムレツ屋もある

ヨーロッパ

TRAVEL PLAN
モンサンミシェル

世界遺産

81

旅の目安
>> アメージング度
>> 難度
>> 予算

20万円〜 （大人1人あたりの予算）

モンサンミシェル（フランス）

アクセス
日本からパリまで直行便で約12時間30分。パリのモンパルナス駅からTGVでレンヌまで約2時間。レンヌでバスに乗り換え1時間15分でモンサンミシェル入口の駐車場に到着。そこから修道院までは無料のシャトルバス（約25分）、馬車（約35分）、徒歩（約45分）で行ける。

ベストシーズン
モンサンミシェルがあるノルマンディ地方は比較的温暖だが1年を通じて降水量が多く、沿岸部は強風が吹くことも。夏期の6〜9月頃が旅行シーズン。近くのブルターニュ地方は9月頃から名産のカキのシーズンが始まるので一緒に回るのもおすすめ。

旅のヒント
パリからの日帰り観光でも充分に楽しめるが、夕景やライトアップ、遊覧飛行など色々な角度からモンサンミシェルを楽しもうと思ったらやはり修道院近くのホテルで1泊はしたい。日の入りや日の出の時間も前もって調べておこう。
ちなみに絵ハガキなどでヒツジとモンサンミシェルが一緒に映っている構図はとても有名だが、同じような写真を撮ろうとして無断で私有地の牧草地に入り、管理者とトラブルになるケースがあるので、きちんと許可を取ってから撮影しよう。

絶海の孤島のごとくそびえる気高い修道院

モンサンミシェルは英仏海峡に面したサン・マロ湾に浮かぶ小島に建てられた修道院。言い伝えによると当地の司教の夢枕に大天使ミカエルが立ち、「あの島に修道院を建てよ」と命じたのが由来とされる。実際に10世紀にはベネディクト派の修道院が建てられ、幾度かの増改築を経て13世紀頃には現在見られるような姿になった。
聖地というより難攻不落の城塞の姿に近く、実際14〜15世紀に英仏が繰り広げた100年戦争では軍事要塞として機能していた。ちなみに修道院の境内入口にあたるサン・ピエール礼拝堂にはジャンヌダルクの銅像が立っている。

ジャンヌダルク像

ツアー情報
パリ往復のフライトとパリでの宿泊がセットになったツアーでオプションの1日ツアーでモンサンミシェルに行くプランが手頃。モンサンミシェルに宿泊するツアーはかなり割高。シーズン中はホテルの確保も難しいので、モンサンミシェルでの宿泊と遊覧飛行がセットになった現地発着の1泊2日ツアーなども狙い目だ。

荘厳な雰囲気の修道院付属教会。夏にはコンサートが開かれる

モンサンミシェル
Mont Saint-Michel

http://www.ot-montsaintmichel.com
（モンサンミシェル観光案内所）

モデルルート

DAY 1　成田、羽田から直行便でパリへ

AM6:00　早朝の空港からモンパルナス駅へ
日本を夜に出発すれば早朝（4:00頃）にパリのシャルル・ド・ゴール空港に到着。6:00始発のエールフランスバスでモンパルナス駅へ移動。TGVに乗ってレンヌを目指す。

上から見下ろしたモンパルナス駅の線路

AM9:40　バスに乗り換えてモンサンミシェルへ
レンヌ駅北口を出たところにあるバスターミナルからモンサンミシェル行きの直通バスが発着しており、パリ発着のTGVと連絡している。

AM11:00　駐車場から修道院の島へ
駐車場から修道院の入口までは約2.5km離れている。随時運行されているシャトルバスを使うのも手。ホテルにチェックインしてから観光に出発。

AM12:00　修道院内部の見どころをじっくり見学
観光客でごったがえす門前町のグラン・リュを抜け、修道院付属教会やラ・メルヴェイユと呼ばれる回廊を見学。

ゴシック建築の傑作と評される回廊

日没　モンサンミシェルのライトアップ
真夏は日が長いので、夜の9:00を回らないとライトアップされない。逆に1月など冬場は6:00ぐらいには暗くなる。

ハヤク
タイヨウ
シズマナイ
カナ

DAY 2　早起きして御来光＆遊覧飛行で絶景を見下ろす

日の出
日の出前の暗いうちにホテルを出発。朝日に照らされて刻々と姿を変える修道院を堪能しよう。

朝日を受けるモンサンミシェルの姿

午前中　ウルトラライトプレーンで修道院上空を飛ぶ
2人乗りの超小型飛行機でモンサンミシェル上空を遊覧飛行。20分コースと30分のコースの遊覧飛行が数社から出ている。出発時間は予約時に要相談。

PM2:20　バスとTGVを乗り継ぎ、パリから帰国便に搭乗
午後のバスに乗ってレンヌでTGVに乗れば夕方7時ぐらいにモンパルナス駅に到着。エールフランスバスで空港に移動すれば深夜発の成田行きの便に間に合う。

+2DAYS　イギリスにもあった！　モンサンミシェル

イギリス南東部、コーンウォール半島の先端近く、マラザイオンには小モンサンミシェルともいうべき、セント・マイケルズ・マウントがあり、本土とは干潮時に通れる土手道で結ばれている。8世紀頃にはすでに修道院の建物があったとされるが、現在見られるのは14世紀に再建されたものだ。本家モンサンミシェルとのつながりも深く、中世の一時期には管理下に置かれていたこともある。
パリから飛行機でイギリス南西部のエクセターまで行き、列車でペンザンスへ。ペンザンスからバスでマラザイオンまで行ける。

規模は小さいが歴史は古い

\#宗教　\#建造物

82
広大な庭園に仕掛けられた生垣の迷路

ロングリート庭園
Longleat Garden　🇬🇧 イギリス

> 上から見ても迷いそうな複雑な迷路

> スマホのGPS機能を使うのは面白くないから反則！

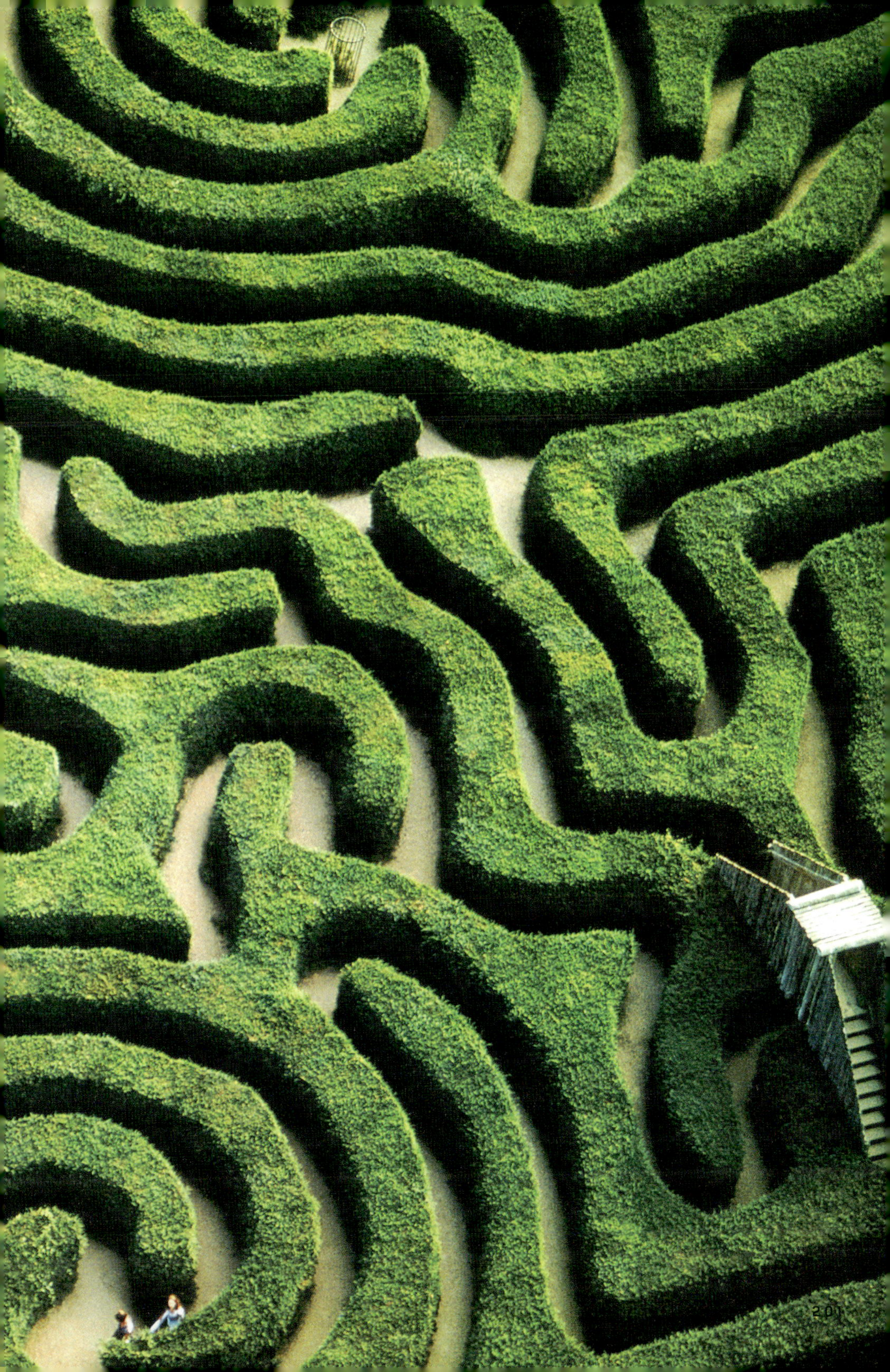

1 エリザベス王朝様式のロングリートハウス。イギリスで初めて一般に公開されたお屋敷でもある
2 上空から見たロングリート庭園。運河の反対側はサファリパークになっている
3 生け垣の高さは約210cm。見えそうで見えない高さだ

最短でも20分ぐらいかかる迷路。攻略できるかな？

ヨーロッパ

ロングリート庭園
Longleat Garden

http://www.longleat.co.uk（公式サイト）

TRAVEL PLAN
ロングリート庭園

82

旅の目安

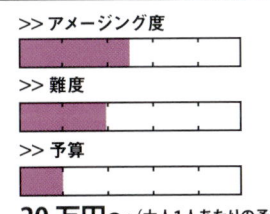

>> アメージング度
>> 難度
>> 予算

20万円〜 (大人1人あたりの予算)

アクセス

日本からロンドンまで直行便で約12時間30分。空港から市内に出てパディントン駅発のエクセター方面行きの列車に乗り、ウェストベリー駅でバース方面の普通列車に乗り換えウォーミンスター下車。駅からは8kmほど離れているが公共交通機関はなく、タクシーを呼ぶしかない。==レンタカーを空港で借りて直接行く方が早くて効率的。==

ベストシーズン

5〜9月が観光シーズンで比較的晴天の日が多く、日も長いので観光しやすい。冬期は日照時間も短く、曇天の日が続き、やや肌寒い。

旅のヒント

突然の雨を考慮して、夏でも折りたたみ傘や濡れても大丈夫な靴で行くと安心。

ツアー情報

現地発着ツアーはほとんどないので、自力で行くしかない。古式ゆかしい英国貴族の邸宅だが、テーマパーク化されており、家族連れにも人気。==迷路やサファリパークのほか、もちろん邸宅の内部もツアーで見学が可能。==個人所有の図書館としては最大級という7万冊の蔵書室が目玉だ。

広大な庭園に仕掛けられた生垣の迷路

ロングリートハウスは、イギリス中西部、ウィルトシャーにある16世紀に建てられた邸宅。代々バース公爵家が住んでおり、現在も7代目公爵のアレクサンダー・シンが居住している。

360ヘクタールという広大な敷地があり、17世紀に造られた庭園が、18世紀に活躍した天才造園家のランスロット・ブラウンによって全面的に改修されたのが庭の原型。変わり者で知られる現公爵は、1966年に敷地内にドライブスルー式サファリパークを開園させた。これはアフリカ以外では初めての試みでライオンやゾウなど多くの野生動物を見ることができる。

1万6000本ものイチイの木を使った生垣の迷路は1975年に加えられた。約27kmという総延長距離は世界一を誇る。2時間かけてもゴールにたどりつけない人も多い。

＋モデルルート

ロングリートハウスの近くには世界遺産のストーンヘンジの遺跡や旧市街の街並みが美しいバースもあるので一緒に回って大体3日間。日本往復を含めるとおよそ5日間の旅程だ。もう3日あればイギリス人お気に入りのカントリーサイド、コッツウォルズも回れる。

ストーンヘンジ

#庭園 #迷路

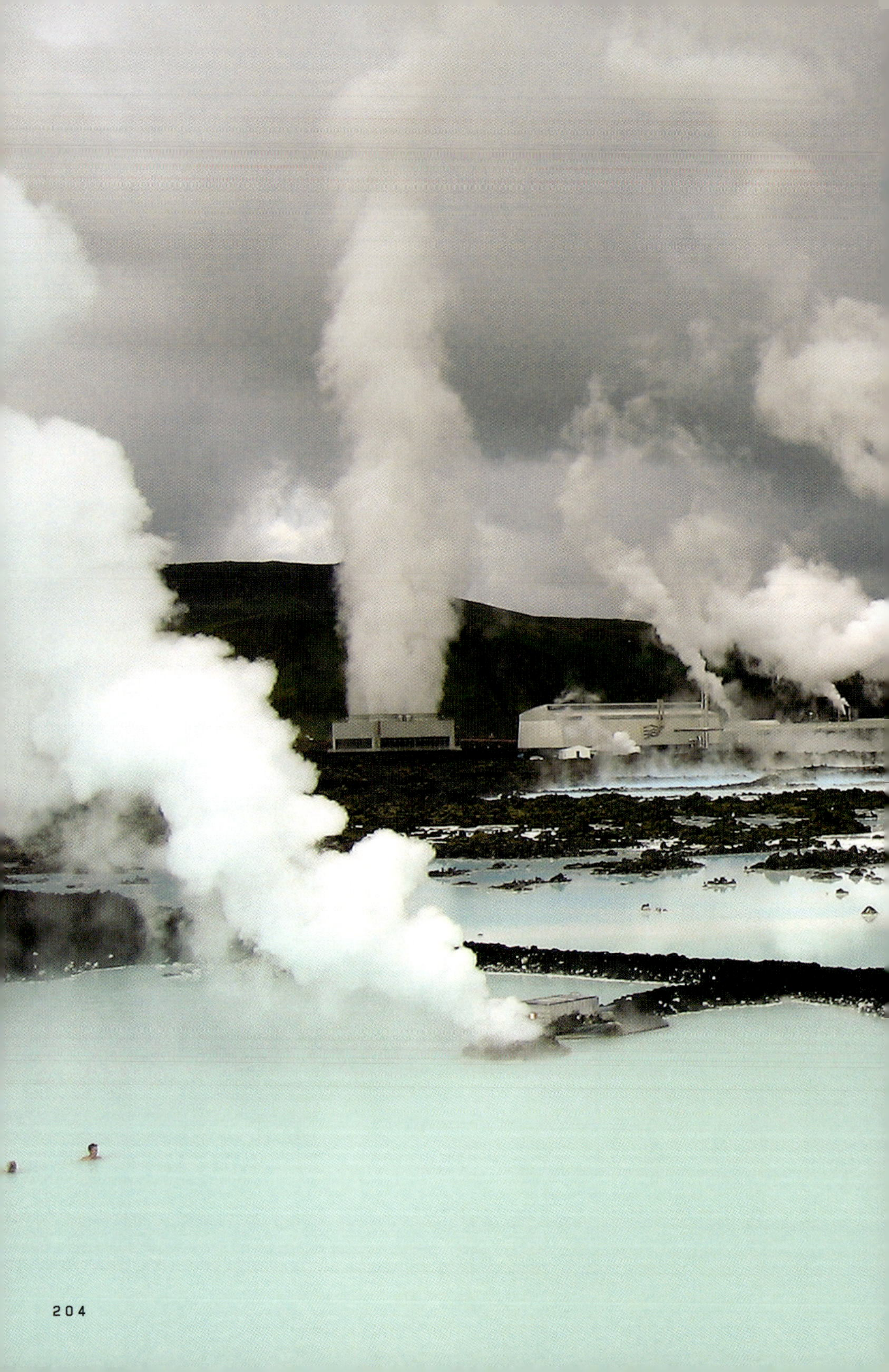

83 地熱発電の副産物で楽しむ世界最大の露天風呂

ブルーラグーン
Blue Lagoon　　アイスランド

地熱発電所から上る白い煙だ

約7万6500キロワットの最大出力。温泉大国の日本にもこんなに大きな発電所はないよ

[1] アイスランド北部にあるミーヴァトン天然温泉。夏は白夜、冬はオーロラを見ながら湯に浸かれる人気スポット [2] ブルーラグーン周辺にはたくさんの温泉が。エクササイズ感覚で露天風呂を楽しめる贅沢 [3] 地下深くから出たミネラル豊富な白い泥を塗る天然エステ [4] 夕暮れ時には温泉がエメラルドグリーンに見える

[3] 温泉の底の泥は美肌効果アリ！

ヨーロッパ

ブルーラグーン
Blue Lagoon

http://www.bluelagoon.com（公式サイト）

TRAVEL PLAN
ブルーラグーン

83

旅の目安
>> アメージング度
>> 難度
>> 予算

30万円～（大人1人あたりの予算）

ブルーラグーン
（アイスランド）

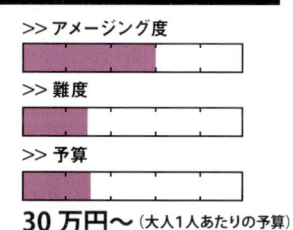

アクセス
アイスランドへはデンマークのコペンハーゲン乗り換えで18～19時間。アイスランドの空の玄関、ケプラヴィク国際空港からバスで行くことができる。

ベストシーズン
海流と火山活動の影響で高緯度のわりに冬でもそれほど寒くはならない。とはいえ日照時間が極端に短いので旅行には適さない。6～9月は温暖かつ日照時間が長い白夜のシーズンなのでベストシーズンといえる。12～1月はオーロラ鑑賞に適している。

旅のヒント
ブルーラグーンをはじめ、レイキャビク市内と周辺には温泉プールがたくさんある。もちろん水着着用なので、必ず水着を持参しよう。

ツアー情報
ブルーラグーンとグトルフォス（→P.252）などを含めた5～7日間のツアーが日本からも出ている。また、ケプラヴィク国際空港内にある旅行会社では、色々な現地発着ツアーをアレンジしてもらえる。シーズン中は深夜でもオープンしているのも心強い。

地熱発電の副産物で楽しむ世界最大の露天風呂

ブルーラグーンは総面積約5000m^{2}という巨大な屋外温泉プール。地熱発電の排水でできた池に始まり、1980年代に噂を聞きつけた温泉好きのアイスランド人が入りはじめた後、本格的に整備されて1990年代初頭に温泉施設としてオープンした。沈殿物の白い泥には美肌効果のある珪土が含まれており、これを使ったオリジナルのスキンケア商品も人気だ。

元々は火力発電に頼っていたアイスランドだが、1970年代のオイルショックによる石油高騰を受け、エコ発電に注目し、本格的な地熱発電所を完成させた。地熱のエネルギーは太陽光の5倍、風力の2倍以上という効率のよさで、アイスランドでは電力供給量の約4分の1（残りのほとんどは水力発電）を地熱に頼っているという世界屈指のエコ発電大国だ。

➕ モデルルート

日本を昼前に出るとコペンハーゲン経由でレイキャビク着が21:00頃。1日目はレイキャビク市内に宿泊し、2日目にブルーラグーンやロイカルダールなど市内の温泉を何ヵ所か回ってみよう。3日目はグトルフォス（→P.252）などゴールデンサークルのツアーに参加し、4日目に帰国の途へ。

パステルカラーの家がかわいらしいレイキャビクの街並み

#温泉

207

その昔、ワガママ領主が税金対策で、造った家が始まりって？

一戸につき税金がかかるから、屋根を壊して「これは家じゃない」って言い訳するためシンプルな造りになったんだ。毎回壊される方にしたらいい迷惑だね！

84
トンガリ屋根の住宅が並ぶ おとぎの国

アルベロベッロ
Alberobello

イタリア

白壁のトゥルッリは南イタリアの青い空によく映える

壁のプランターや路地の鉢植えも風景にとけ込んでいるね

アルベロベッロ
Alberobello

左頁上：アルベロベッロ旧市街の西側、リオーネ・モンティ地区のトゥルッリ　左頁下：トゥルッリのおみやげ屋さん。ミニチュアやマグネットが売られている　**1** トゥルッリの屋根を飾る真っ赤なバラ　**2** 屋根に描かれた白いデザインは家の魔除けやお守り的な存在　**3** 大通りに建つコズマ・エ・ダミアーノ教会は19世紀末の建造

ヨーロッパ

TRAVEL PLAN

アルベロベッロ

世界遺産

84

旅の目安

アメージング度

>> 難度

>> 予算

30万円〜 （大人1人あたりの予算）

アルベロベッロ（イタリア）

アクセス

ローマ行きの直行便で乗り換えれば起点となるバーリまで日本を出発したその日の内に着くことができる。ミラノ経由だと同日乗り継ぎできない場合もある。バーリからは鉄道で約1時間30分でアルベロベッロに着く。

ベストシーズン

夏が暑い典型的な南イタリアの気候。5〜10月ぐらいが観光シーズンだが、7・8月はかなりの気温が上がる。春から初夏、秋がベストシーズンといえる。冬は比較的雨が多いが、あまり降水量は多くはなく、温暖で過ごしやすい。

オレキエッテというパスタが名物

旅のヒント

アルベロベッロにもホテルはあるが、バーリを起点にすればマテーラやカステル・デル・モンテなどの世界遺産に日帰りで行くことができる。バーリは南イタリア屈指の都市だが、ホテルの数はあまり多くなく、夏のシーズン中は部屋の確保が困難な時期もある。

バーリの旧市街にあるサン・サビーノ教会

ツアー情報

日本からはアルベロベッロとマテーラに宿泊する8日間前後の周遊ツアーが出ており、ナポリやカプリ島も一緒に回る南イタリア周遊ツアーがある。なお、バーリ発着の現地ツアーはほとんどないので、鉄道など公共交通機関を使っての往復となる。地中海側のナポリとのアクセスも悪く、直通の交通手段はバスが1日数便あるのみ。宿の確保や現地での交通機関の乗りこなしに不安がある場合は、日本発着のツアーがおすすめ。

洞窟住居で有名なマテーラはぜひ訪れてみたい

トンガリ屋根の住宅が並ぶおとぎの国

アルベロベッロは南イタリアのプーリア州にある小さな町。トゥルッリと呼ばれる丸屋根の家屋はリオーネ・モンティ地区とアイア・ピッコラ地区に密集して残っている。

トゥルッリの多くは16〜17世紀に建てられた。外壁の白壁から丸屋根まで全て石灰石を加工し、丁寧に積み上げて造られており、内部は部屋の仕切りがない。また屋根に降った雨水は雨どいをたどって井戸に集められ、水資源に乏しいこの地域の貴重な水がめだった。現在でも現役の住居だが、一部は観光用にレストランやみやげ物店に改装されている。

とんがり屋根の家々が並ぶアルベロベッロ

アルベロベッロ
Alberobello

http://www.viaggiareinpuglia.it（プーリア州政府観光局）

モデルルート

DAY 1 — 成田からローマ経由でバーリへ
PM9:30 南イタリアの主要都市バーリへ
成田発の直行便でローマ着は19:00。国内線に乗り換えてバーリまで1時間5分。翌日の移動に便利な鉄道駅近くのホテルにチェックイン。

DAY 2 — バーリから鉄道でアルベロベッロへ
AM10:00 バーリから私鉄のスーデスト線でアルベロベッロ駅へ。目的地が近づくとトゥルッリの家が車窓からぽつぽつと見える。駅から旧市街まで徒歩で移動。

PM0:00 トゥルッリの並ぶアルベロベッロの旧市街をじっくり散策
ランチタイムはトゥルッリの家を改装したレストランで。リオーネ・モンティ地区を散策してサンタントニオ教会を目指す。

オトギバナシノ
オシロ
ミタイニ
カワイイ

トゥルッリ建築を使ったかわいらしくてユニークなサンタントニオ教会

夕方 街灯の光の中で照らし出されるトゥルッリの家並みも美しい。できればアルベロベッロで1泊したいが、20:00頃までバーリ行きの列車があるのでゆっくり滞在したい。

観光客も少なく、ひっそりとした夜のアルベロベッロの旧市街

PM8:00 バーリに戻ったら旧市街の港近くのシーフードレストランで夕食

バーリの旧市街と港

DAY 3 — 洞窟住居が斜面に広がる世界遺産マテーラへ
AM8:00 バーリからアップロルカーネ線でマテーラまで約1時間30分。駅から10分も歩けばサッシと呼ばれる洞窟住居が斜面に沿って並ぶ景色が見えてくる。

密集して立ち並ぶサッシ

DAY 4 — 均整の取れた八角形の城カステル・デル・モンテへ
AM7:00 バーリからノルド線で約1時間のアンドリア駅が最寄り駅。駅から城までは20km近くある。タクシーで行くか、夏期のみ運行のバスが1日4往復している。

稀代の天才皇帝フェデリコ（フリードリヒ）2世が13世紀に建てた城

DAY 5,6 — バーリからローマ経由で帰国

+ 3 DAYS

アドリア海の対岸、ドブロヴニクへ

バーリの港はアドリア海沿岸航路の主要港。クロアチアやモンテネグロなど対岸の国からの国際フェリーも多く発着する。バーリを夜22:00頃に出発するフェリーに乗れば翌朝にはドブロヴニクだ。世界遺産として有名な城壁巡りや旧市街散策、近隣の島へクルーズしたりと楽しみは尽きない。

アドリア海に突き出たドブロヴニク旧市街

\# 建造物　\# 街並

85

太陽王が建築した栄華を極めたバロックの城

ヴェルサイユ宮殿
Château de Versailles

フランス

鏡の間にはシャンデリアがたくさん！

当時最高の贅沢品だったガラスや金メッキをふんだんに使って外国の要人にフランスのすごさをアピールしたんだ

1 マリー・アントワネット達が暮らした居室へと続く王妃の階段　2 王室礼拝堂では戴冠式や結婚式が行われた　3 礼拝堂はバロック音楽などコンサート会場としても使用される　4 オランジュリー庭園の奥に見える池は「スイス人の池」。造園に尽力したスイス人傭兵が名前の由来　5 アポロンの泉は太陽王ルイ14世の象徴

真っ白な大理石と金色の縁取りが荘厳な雰囲気

ヴェルサイユ宮殿
Château de Versailles

> 南国のオレンジやレモンの木を育てるオランジュリー（温室）の前に広がる花壇。「愛の花壇」とも呼ばれている

> 木の下が箱になっているのは、寒い冬にはオランジュリーの温室に移動させるためなんだ

ヨーロッパ

TRAVEL PLAN

ヴェルサイユ宮殿

世界遺産

85

旅の目安

>> アメージング度
>> 難度
>> 予算

20万円〜（大人1人あたりの予算）

ヴェルサイユ宮殿（フランス）

アクセス

パリ行きの直行便で日本から12〜13時間。パリ市内から郊外鉄道のRERのC5線の終点で下車。モンパルナス駅からだと普通列車でヴェルサイユ・シャンティエ駅下車。地下鉄9号線のポン・ド・セーヴル駅から171番のバスに乗れば宮殿入口まで行ける。

ベストシーズン

パリのホテルなどは一般的に4〜10月をハイシーズンに設定しているところが多い。ヴェルサイユ宮殿は大噴水祭が行われている夏期のうち、夜の大噴水祭も行われている6月中旬〜9月中旬あたりがベストシーズンといえる。とはいえ、フランスを代表する観光地なのでいつ行っても観光客で混雑していることには変わりはない。

冬は雪が積もることも

旅のヒント

広大な庭園をじっくりと散策するなら、水分補給も忘れずにしたいところ。しかし、==ヴェルサイユ宮殿へは飲食物の持ち込みは禁止==されている。再入場もできないので、宮殿内にいくつかあるカフェやレストランで食事をすることになる。また、==開演前から入場券売り場に長い行列ができているので、1日パスポートやパリの主要美術館でも使えるミュージアムパス==を購入しておけば行列を回避して入場できる。

豪華絢爛とは一線を画した田舎風家屋はマリー・アントワネットの趣味

ツアー情報

パリ発のオプショナルツアーだとガイド付きで観光するヴェルサイユ宮殿半日ツアーが各社から出ている。ほかにも世界遺産のロワールの古城巡りやモンサンミシェルへの1日ツアーも人気。

太陽王が建築した栄華を極めたバロックの城

太陽王と呼ばれたルイ14世が、ヴェルサイユの森を切り開き完成させた、壮麗な宮殿とあまりにも広大な庭園。元来は父のルイ13世が建てた狩猟用の館があっただけだが、1670年代よりルイ14世は史上類を見ない宮殿の建築に着手。豪華絢爛な調度品で埋め尽くされた鏡の間はその象徴ともいえる。背後に広がる広大な庭園は、水を引き、土地を造成したりと大規模な工事に数万人ともいわれる人々が駆り出された。フランス式庭園の最高傑作ともいわれるヴェルサイユ庭園は、宮殿よりも長い40年という年月が費やされ、ルイ14世もしばしば現場を視察するほどの熱の入れようだった。

ルイ14世の騎馬像

ヴェルサイユ宮殿
Château de Versailles

http://jp.chateauversailles.fr（公式サイト）

モデルルート

DAY 1 成田から直行便でパリへ

PM6:00 空港からパリ市内のホテルへ
成田を午後に出る便に乗れば夕方にはパリに到着。パリ市内のホテルへ移動。ヴェルサイユ駅周辺にもホテルがそれなりにあるので、観光拠点になる。

DAY 2 開門と同時にヴェルサイユ宮殿に入場

AM8:30 当日券で入場する場合は開門前から行列ができているので早めに。宮殿の公式サイトでも予約することができる。

ハヤク ナカニ ハイリタイナ

荷物チェックのため長い行列ができる

AM9:00 本館の大居室群へ入場
正門から正面に見える大きな建物が本館ともいえる居室群でグラン・ダパルトマンと呼ばれている。オーディオガイドの貸出ほか、スマートフォン用でも宮殿の公式ガイドアプリがある。

王室礼拝堂 　有名な鏡の間

宮殿内の観光は見学できる場所が限られており、順路に沿って進む。

AM11:00 庭園側から宮殿を眺める
宮殿の出口を出ると、広大な庭園が広がっている。午後からはこの庭園とさらに奥にある離宮を巡る。

庭園側から見る宮殿の方が壮麗に見える

PM0:00 観光列車に乗ってマリー・アントワネットの離宮へ
プチ・トランという観光用列車が約50分で巡回している。徒歩だと離宮まで約30分。

小トリアノン 　大トリアノンの内部にある寝室

PM1:00 広大な庭園を散策
プチ・トランで大運河まで行ってレストランでランチをとってから散策開始。とにかく広大なのでプチ・トランをうまく使おう。

宮殿のすぐ下にあるオランジュリー庭園

PM3:30 水の芸術、大噴水祭 
音楽に合わせてバロック様式の噴水から水が吹き出るショーは夏期の土・日曜などに行われている。スケジュールを合わせて鑑賞してみたい。

DAY 3 フランス王家代々の宮殿フォンテーヌブローへ

AM9:00 パリ・リヨン駅から列車で約40分。フォンテーヌブロー宮殿は13世紀から19世紀まで代々の王家が増改築を行ってきた由緒ある宮殿で世界遺産にも登録されている。

ルネッサンス様式が基調 　三位一体礼拝堂

夜 夜便で日本へ帰国
フォンテーヌブローからパリに戻っても19:00～23:00に出発する日本行きの便には十二分に間に合う。

#宮殿　#歴史

86

アラビア建築の粋を集めた精緻な装飾

アルハンブラ宮殿
Alhambra　スペイン

まさにアル・ハムラ（アラビア語で赤）って感じ！

夕日を受けて赤く輝くアルハンブラ宮殿

1 かつて王妃が住んでいたとされる二姉妹の間。八角形の天井を飾る鍾乳装飾には息を飲むばかり **2** 緑と花が美しい、離宮のヘネラリフェ。シエラネバダ山脈から引いてきた噴水が涼しげな空間を作る。「水の宮殿」といわれる所以だ **3** 中央に噴水があるライオンの中庭を囲むように大理石の柱がびっしりと並んでいる

ヨーロッパ

アルハンブラ宮殿
Alhambra

http://www.alhambra-patronato.es（公式サイト）

TRAVEL PLAN
アルハンブラ宮殿

世界遺産

86

旅の目安
>> アメージング度
>> 難度
>> 予算

20万〜（大人一人あたりの予算）

アルハンブラ宮殿（スペイン）

アクセス
スペインのマドリッドまでパリやアムステルダム乗り換えで16〜17時間。国内線に乗り換えてグラナダへ約1時間。またはマドリッドからバスで約5時間。

ベストシーズン
グラナダのあるアンダルシア地方は年間を通して温暖で雨が少ない気候だが、グラナダはシエラネバダ山脈の麓にあるため、冬は少し寒い。4〜10月が観光シーズンだが、花と緑が美しい4〜7月ぐらいがベスト。

旅のヒント
アルハンブラ宮殿では入場制限を行っているため、予約は必須。チケットは予約サイト（http://www.alhambra-tickets.es）で購入可能（クレジットカード払い可）。指定した日時に入場しなければいけない。

ツアー情報
セビーリャ、コルドバなどアンダルシア地方を周遊する8日間のツアーが各社より出ている。グラナダはマドリッドとのアクセスがあまりよくないので、マドリッドから高速列車AVEで2時間弱で行けるコルドバを起点にしてバスで日帰りするという方法もある。

アラビア建築の粋を集めた精緻な装飾

グラナダの町を見下ろすアルハンブラ宮殿は、15世紀末まで存続した最後のイスラム勢力であるナスル朝代々の王により元々あった城塞を元に13世紀頃からさまざまな増改築が進められた。
乾燥したアンダルシア地方にあってシエラネバダ山脈からアルハンブラ宮殿まで引いた水を巧みに操る技術力の高さは圧巻だ。12頭のライオン像が支える噴水やコマレス宮を水面に映すアラヤネスの中庭、「水の宮殿」ともいわれるヘネラリフェ離宮などからはイスラムならではの水と緑へのこだわりが見てとれる。
また、二姉妹の間や王の寝室など、壁面や天井をびっしりと埋め尽くす緻密な幾何学紋様や鍾乳装飾、透かし彫りの窓など、どれをとってもイスラム芸術の最高傑作といえる。

#宮殿　#歴史

モデルルート
日本からマドリッドへはヨーロッパ主要都市で乗り換えればその日の内に着く。翌朝に高速列車AVEでコルドバへ。ここを起点に3泊してグラナダのアルハンブラ宮殿やセビーリャのカテドラルなど世界遺産を日帰りで観光する。

グラナダのアルバイシン地区にはアルハンブラ宮殿を眺められるレストランがある

223

真っ白な石灰棚に青く輝く温泉水をたたえたパムッカレ

温泉が枯れそうなほど少ない時期もあったけど、現在は湯量も戻った状態だ

87
白い石灰棚とローマ遺跡のコラボレーション

パムッカレ
Pamukkale

トルコ

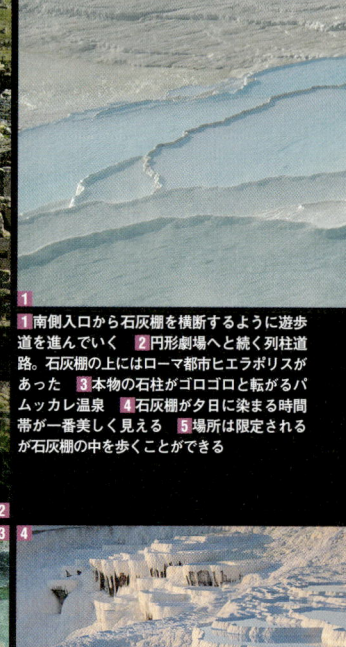

1 南側入口から石灰棚を横断するように遊歩道を進んでいく **2** 円形劇場へと続く列柱道路。石灰棚の上にはローマ都市ヒエラポリスがあった **3** 本物の石柱がゴロゴロと転がるパムッカレ温泉 **4** 石灰棚が夕日に染まる時間帯が一番美しく見える **5** 場所は限定されるが石灰棚の中を歩くことができる

パムッカレ
Pamukkale

温泉水は35℃ぐらいのぬるま湯

滑りやすいところもあるから気を付けて

227

TRAVEL PLAN

パムッカレ

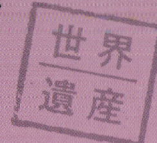

世界遺産

87

旅の目安

>> アメージング度
>> 難度
>> 予算

30万円～ (大人1人あたりの予算)

パムッカレ (トルコ)

アクセス

日本からイスタンブールまで直行便で約12時間。最寄りのデニズリ空港へは約1時間。石灰棚のあるパムッカレ村へは空港からバスで約1時間30分。

ベストシーズン

内陸部ではあるが、地中海性気候。観光シーズンは5～9月。冬でもそれほど寒くはならないが、曇天の日が多く、美しい石灰棚の景色はあまり期待できない。

旅のヒント

パムッカレ遺跡の入場門はヒエラポリス側とパムッカレ村側の南北2ヶ所。石灰棚は決められた場所にしか入場できず、ルートを外れると係員から厳しく注意される。また、土足厳禁なのでサンダルなども石灰棚の手前で脱ぐ。靴を入れるための袋や足を拭くタオルを忘れずに。

石灰棚には腰掛けて足湯ができる場所もある

ヒエラポリスの遺跡は日差しをさえぎるものがなく、かなりの距離を歩かなければいけないので、帽子やサングラスを身につけ、こまめな水分補給も忘れないようにしたい。

ツアー情報

パムッカレのみを訪れるツアーはないが、イスタンブール、カッパドキア、エフェス遺跡を周遊する8～9日間のツアーが各社から出ている。パムッカレではぜひとも温泉ホテルに宿泊できるプランを選びたい。

パラグライダーはタンデム飛行なので初めてでも大丈夫

現地発着のガイド付きツアーはないが、遺跡と石灰棚の要所を巡回するシャトルバスがあるので移動に便利。また、パラグライダーで石灰棚を上空から見下ろすツアーも出ている。

白い石灰棚とローマ遺跡のコラボレーション

「綿の城」を意味するパムッカレの石灰棚は、台地の上から湧き出る温泉水が山の斜面を長い年月をかけて浸食し、温泉水に含まれる石灰質が沈殿して段々状のプールが連なる石灰棚となった。

周囲にも温泉が湧き出ており、トルコを代表する温泉保養地だが、温泉水の汲み上げ過ぎにより、石灰棚を流れる水量が激減してしまった。そのため、一部を除いて自由な立ち入りは禁止されている。

温泉が湧き出る丘の上には「聖なる都市」を意味するヒエラポリスが紀元前2世紀のペルガモン王国時代に建設された。その後ローマの支配下となったが1世紀に起こった地震で街は壊滅的な被害を受けたものの、風呂好きなローマ人の下、大浴場や1万人以上を収容する円形劇場などを建造し典型的なローマ都市となった。

パムッカレ
Pamukkale

http://www.tourismturkey.jp （トルコ政府観光局）

モデルルート

DAY 1 成田からイスタンブールへ

PM7:00 イスタンブールの空港周辺のホテルへ
パムッカレ最寄りのデニズリ空港へは同日乗り継ぎができないので、空港併設のホテルか近隣のホテルで1泊。

DAY 2 ローマ遺跡の温泉と石灰棚の足湯巡り

AM6:00 朝6:00台に出発する定期便でデニズリまで約1時間。空港で送迎バスに乗って温泉街のカラハユットまでは約2時間。

ホテルに併設されている温泉。もちろん水着着用で入る

PM1:00 ヒエラポリスから観光をスタート
ホテルにチェックインしたら水着を持って（下に着込んで）パムッカレの北側入口へタクシーまたはミニバスで移動。軽めの昼食をとるなら移動前にカラハユットの商店街で。ヒエラポリスの入口はネクロポリスと呼ばれる墓地遺跡が続く。大浴場やドミティアン門を抜けて、円形劇場まで行く。

保存状態のよい円形劇場

PM3:00 ローマ時代の石柱が沈むパムッカレ温泉 
温泉にはロッカールームがあるので、水着に着替えて温泉へ。遺跡には苔が生えているところもあり、滑りやすい。温度は高くないので冬は寒く感じる。

イセキノ
ハシラガ
ゴロゴロシテル

PM4:00 世界遺産の石灰棚を裸足で横断
博物館の裏側の入口で靴を脱いで石灰棚を歩いていく。決められたルートしか歩けないので足場に注意して進んでいこう。

夕方 オレンジ色に染まるパムッカレの夕日を眺める
南側の出口まで出たら、パムッカレ村入口近くにあるレストラン（石灰棚を眺めるテラス席がある店がおすすめ）やたもとの公園のカフェで休憩。オレンジ色に染まる石灰棚を眺めながら過ごす。公園にある人工池ではボート遊びも楽しめる。 

DAY 3 巨大なギリシア・ローマ遺跡エフェスへ

AM8:00 朝のうちにデニズリ市内に移動し、列車でセルチュクまで3時間。ホテルにチェックインし、駅前のレストラン街でランチを食べたら午後から遺跡観光に出発。エフェス遺跡は地中海で屈指の規模の遺跡。主要見学コースだけでもかなりの距離を歩く。夏はこまめな水分補給を忘れずに。

ケルスス図書館はエフェス遺跡最大の見どころ

DAY 4, 5 イズミルまで移動し、イスタンブール経由で帰国
セルチュク駅を朝出て列車で30分ほどでイズミルの空港まで行ける。午後の早い時間帯に出発するイスタンブール（アタテュルク空港）行きの便に乗れば夕方の成田行きの便に間に合う。

#温泉 #遺跡

88

エルジエス山の噴火でできた多彩な奇岩群

カッパドキア
Cappadocia

トルコ

キノコ岩が雪化粧したギョレメ村

遠くに見える大きな山がエルジエス山

ウチヒサルの頂きからの眺めは絶景！

1 夕暮れ時のウチヒサルの町
2 ギョレメ屋外博物館の修道院跡
3 トカル教会のフレスコ画
4 チャルクル教会のキリスト昇天のフレスコ画
5 ゼルヴェ屋外博物館には岩を繰り抜いた住居跡や教会がある
6 ユルギュップ近くにある3姉妹の岩

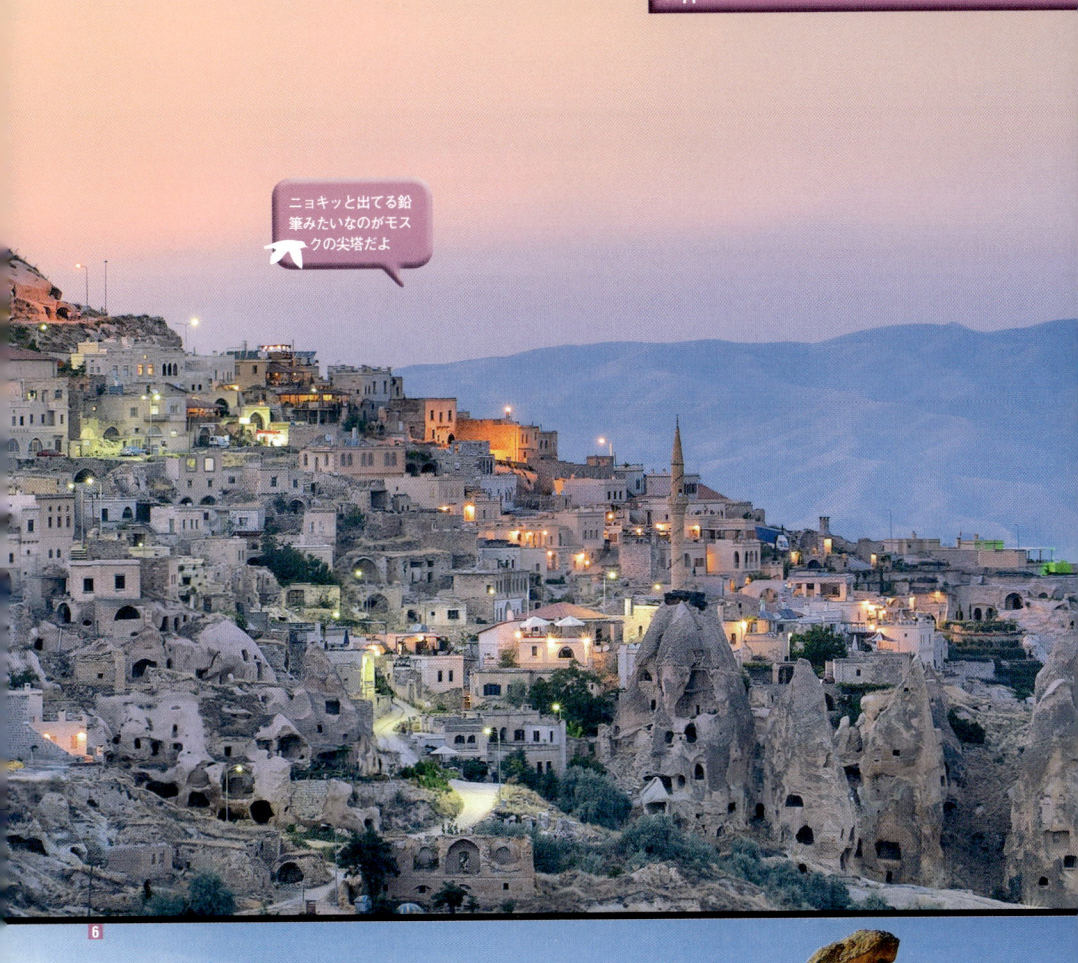

カッパドキア
Cappadocia

ニョキッと出てる鉛筆みたいなのがモスクの尖塔だよ

4本あるけど、1つは頭の部分がないから3姉妹と呼ばれる

ヨーロッパ

TRAVEL PLAN
カッパドキア

世界遺産

88

旅の目安
>> アメージング度
>> 難度
>> 予算

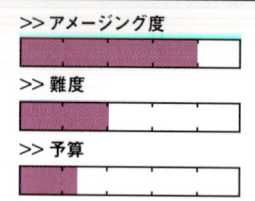

25万円～（大人1人あたりの予算）

カッパドキア（トルコ）

アクセス
日本からイスタンブールまで直行便で約12時間。カッパドキア最寄のネヴシェヒル空港へは翌朝の便で約1時間10分。また、イスタンブールから飛行機で1時間20分のカイセリ空港なら同日乗り継ぎが可能。到着日の深夜にカッパドキアのホテルにチェックインすることができる。イスタンブール発の夜行バスは所要約12時間で、翌朝8:00～9:00頃にカッパドキアに到着できる。

ベストシーズン
トルコ内陸部の高原地帯に位置しているため、夏と冬、昼と夜の気温差が大きい。観光シーズンは4～9月で、7・8月の日中はかなり気温が高くなる。5月と9月が過ごしやすいベストシーズン。冬は積雪があり、かなり冷え込むが雪をまとった奇岩の風景も味がある。

雪景色のギョレメパノラマ

旅のヒント
日中に参加するツアーは足場の悪い洞窟や渓谷を歩くことが多いので、滑りにくく、履き慣れた靴で行こう。早朝の気球ツアーに参加する場合は、真夏でも羽織れる上着を1枚準備していきたい。夏の日中は日差しが強く、大変乾燥しているので、日焼けと乾燥肌対策も忘れずに。

ツアー情報
イスタンブール1泊、カッパドキア1～2泊という5～6日間のツアーが各社から出ているほか、パムッカレ（→ P.224）

ギョレメにある洞窟ホテル

などと回る8日間前後のトルコ周遊ツアーも多い。雰囲気を満喫するならカッパドキアでは洞窟ホテルに泊まるツアーを選びたい。現地発着では2～3種類の1日ツアーに飛び入りでも参加できるが、半日ツアーはない。

エルジエス山の噴火でできた多彩な奇岩群

カッパドキアの奇岩風景は、東にそびえるエルジエス山が噴火を繰り返し、溶岩の地層と火山灰の地層が交互に堆積した。火山灰からできた凝灰質の砂岩は浸食が早く、固い溶岩の地層は浸食が遅いため、キノコのような奇岩ができた。

凝灰質の砂岩は加工しやすく、カッパドキアの地下には何層にもわたる巨大な地下都市が造られた。換気口やワインの醸造施設、厨房なども完備し、数万人ともいわれる人々が生活していたという。ローマやビザンツ時代にこの地に移り住んだ修道士たちは、カッパドキアの岩山に洞窟を掘削し、修道院や教会として利用していた。現在でもギョレメ屋外博物館やウフララ渓谷などで当時描かれた色鮮やかなフレスコ画を見ることができる。

カッパドキア
Cappadocia

http://www.tourismturkey.jp（トルコ政府観光局）

モデルルート

DAY 1 成田からイスタンブール経由でカイセリへ

PM8:00 国内線に乗り換えカイセリへ

カイセリ空港にホテルの送迎を手配しておけば、日付が変わるぐらいにカッパドキアのホテルに到着することができる。

DAY 2 ギョレメ〜アヴァノス周辺の1日ツアーに参加

AM9:00

現地発着1日ツアーは混載便なので、ホテルでも手配可能。1日目はギョレメ屋外博物館やアヴァノス周辺を巡るツアーに参加する。

洞窟教会が並ぶギョレメ屋外博物館

PM1:00 陶芸の町、アヴァノスでろくろ体験&ランチ

アヴァノスの工房を訪れ、足踏みろくろで素焼きの皿作りが体験できる。

ミゴトナロクロサバキ！

PM3:00 パシャバー、ゼルヴェのキノコ岩と鳩の家

キノコのお菓子にそっくりな岩があるパシャバーや多くの洞窟住居や教会が残るゼルヴェ屋外博物館を見学。ハシゴを登ることもある少しハードな場所。露店のおみやげ屋さんもあるので手作り雑貨を探すならここで。

パシャバーのキノコ岩

夕方 カッパドキアの夕暮れを眺められる高台へ

ギョレメのローズバレーなどホテルの近くの夕日観賞ポイントの丘からカッパドキアに沈みゆく夕日を眺める。夜は名物の壺焼きのテスティケバブを。

DAY 3 気球ツアーと地下都市&ウフララ渓谷へ

AM5:00 早起きして気球ツアーに参加

ホテルにピックアップの車が来る。簡単な朝食を食べてから1時間〜1時間30分のフライト。ホテルに戻って少し休憩したら2日目のツアーに参加する。

冬は防寒対策をしっかりと

AM10:00 巨大地下都市の中を探検

カイマクルまたはデリンクユの地下都市を見学する。複雑な作りで岩を彫った色々な住居設備が見られる。

ブドウノジュースガシタニタマルンダ

PM1:00 ウフララ渓谷の教会を見学した後川をハイキングしてからランチ

緑の多いウフララ渓谷では谷を降りる途中にある岩窟教会を見学し、谷底の川をハイキング。川端にあるレストランでランチタイム。

PM7:00 ネヴシェヒル空港からイスタンブールへ

DAY 4,5 旧市街を観光した後、夕方の便で日本へ帰国

AM9:00 スルタンアフメット地区を中心に世界遺産の旧市街を観光

アヤソフィアやブルーモスクなどを観光。おみやげを買うなら観光はそこそこにグランドバザールやエジプシャンバザールでショッピング。昼過ぎには空港へ向かうようにしたいところ。

イスタンブールのグランドバザール

\# 奇岩　\# 宗教

89

天才ガウディが残し、いまだに未完成

アントニ・ガウディの建築
Works of Antoni Gaudí

スペイン

3つあるファサードのうち、2つまで完成したんだ。

左側の「受難のファサード」の完成が待ち遠しいね。ガウディの死後100周年の2026年に完成予定だって。

1 天井まで延びる高い円柱は森をイメージしている。見上げるとその広がりにびっくり！

ゴツゴツとした外側に比べて中は木漏れ日のような柔らかい光が注ぎ幻想的な感じ。

アントニ・ガウディの建築
Works of Antoni Gaudí

左頁：サグラダファミリアの身廊部分。円柱はケヤキの木をイメージしている　**1** グエル公園は元々住宅地として売り出す予定だった　**2** 中庭から見上げたカサ・ミラ　**3** 波打つ形状がガウディらしいカサ・ミラの外観　**4** 海をイメージしてデザインされたカサ・バトリョ

ヨーロッパ

TRAVEL PLAN

アントニ・ガウディの建築

世界遺産

89

旅の目安

>> アメージング度

>> 難度

>> 予算

30万円〜 （大人1人あたりの予算）

アントニ・ガウディの建築（スペイン）

アクセス

バルセロナへの日本からの直行便はないが、パリ乗り換えで最短15時間。ほかのヨーロッパ主要都市はもちろん、中東のドーハやトルコのイスタンブール経由など経由地は色々。

バルセロナのエル・プラット空港

ベストシーズン

日本ほど暑くならず、晴天の日が多い5〜9月がベストシーズン。冬は比較的雨の日が多いが、内陸部のマドリッドほど寒くならず年間を通じて過ごしやすい。

ゴシック地区のサン・ジャウマ広場。真夏の観光は帽子やサングラスなど日焼け対策を

旅のヒント

サグラダ・ファミリアは開館前から長い行列ができていることが多いので、公式サイト（http://www.sagradafamilia.cat）でオンライン予約して時間を指定していくと安心。クレジットカードでも決済が可能だ。
地下鉄やバスを乗り継いで建築巡りをするなら市内中心部の交通機関が乗り放題で見どころも割引になるバルセロナカードを購入するのもおすすめ。

ツアー情報

バルセロナ往復の飛行機とホテルがセットになった1週間前後のプランが多く出ている。観光付きのツアーは10日ぐらいのスペイン周遊ツアーが多い。
現地でも日本語ガイド付きのガウディの建築探訪ツアーがある。ガウディやモンタネールなどモデルニスモ建築を巡るウオーキングツアーや、市内の主要スポットを巡る乗り降り自由の観光バスも便利。

バルセロナ市内を回る、乗り降り自由の観光バス

天才ガウディが残し、いまだに未完成

ガウディが活躍した19世紀末〜20世紀初頭の時代は、モデルニスモと呼ばれる芸術様式が花開いた時代。ピカソやミロといった巨匠もこの時期をバルセロナで過ごした。
苦学の末、バルセロナの建築学校を卒業した若きガウディの才能をいち早く見いだしたのは、繊維業で富をなしたエウセビオ・グエルで、後にグエル邸やグエル公園といった依頼を出している。サグラダ・ファミリアはまだガウディが無名時代だった1882年に前任者から設計を引き継ぎ、1894年に工事が着工された。「聖家族」の名前を体現するようにイエスとその家族の生涯や聖書のシーンを「生誕」「栄光」「受難」の3つのファサードに彫刻で表している。ガウディは74年の生涯をサグラダ・ファミリアに捧げ、1926年に亡くなった。

240

アントニ・ガウディの建築
Works of Antoni Gaudí

http://www.barcelonaturisme.com （バルセロナ市観光局）

モデルルート

DAY 1
PM9:00
成田からパリ経由などで
バルセロナへ
バルセロナ市内へ

成田発の午後便で出発して、パリやロンドン経由で夜にバルセロナ着。移動に便利な主要地下鉄駅の近くにホテルをとりたい。

DAY 2
AM8:30
地下鉄とバスを乗り継いで
ガウディの建築巡り

バルセロナとガウディのシンボル
サグラダ・ファミリアへ

市内交通の1日券を買ったらまず地下鉄5号線のサグラダ・ファミリア駅へ。長い行列ができるので、9:00の開館の30分前には到着しておきたい。ファサードの彫刻や聖堂内部の装飾をじっくりと鑑賞しよう。エレベーターで塔に上る場合は時間に余裕をもって。

地下鉄駅を出てすぐ目の前

AM11:00
波打つ外観がひと際目立つ代表作
カサ・ミラへ

地下鉄5号線でディアゴナル駅下車。

イイユメガ
ミラレソウ

住居スペースも見学できる。間取りを自由に変えられる革新的な造りだ

PM0:00
海をイメージした建築
カサ・バトリョへ

地下鉄3号線でひと駅だが歩いても10分とかからない。

1870年代の建築を改修してこのような外観に

PM3:00
ランブラス通り周辺で
昼食をとったらグエル公園へ

バルセロナの目抜き通り、ランブラス通りを散策しつつ、サンジュセップ市場で昼食をとったらグエル公園へ。

観光客にも人気の市場　休憩にもちょうどいいグエル公園

日没後
夕食を食べたら
ライトアップされた建築巡り

夏期は21:30発の市内観光バスでライトアップされた市内の名所を見て回れる。

DAY 3
ガウディのライバル、モンタネールの世界遺産建築を見て回る

AM9:30
カタルーニャ音楽堂

若くして教授となり政治家としても活躍した建築家ドメネク・イ・モンタネールの設計したカタルーニャ音楽堂へ。

内部の見学はガイド付きのツアーのみ

AM11:00
サン・パウ病院

地下鉄1号線にしばらく乗車してギナルド駅下車。サン・パウ病院は2009年まで実際に病院として使用されていた。一部施設のみツアー形式で見学が可能。

オシロ
ミタイナ
ビョウイン

午後
旧市街散策

ランチを食べたら、ゴシック地区と呼ばれる旧市街の散策に出発。大聖堂や王の広場、ピカソ美術館などの見どころが密集している。

DAY 4, 5
パリなどヨーロッパ経由で
日本へ帰国

\# 建築　\# 宗教

241

90

大小16の湖と92の滝が
織りなすグリーン絵巻

プリトヴィッツェ湖沼群
Plitvice Lakes

クロアチア

エメラルドグリーンの水が美しい
カルロジェヴァツ湖の遊歩道

湖と滝を一度に眺められる場所だね

湖が段々になっているのがよくわかるね

石灰岩の空洞を抜けて下の湖に流れ落ちる

プリトヴィッツェ湖沼群
Plitvice Lakes

> 上の湖の方がプランクトンの量が多いので水の色が濃い緑色

1 左頁：一番大きなコジヤク湖とミラノヴァツ湖をつなぐ小さな滝　2 ガロヴァツ湖から流れ落ちるプルシュタヴツィの滝　2 洞窟の上の崖から見下ろしたカヴァノヴァツ湖の遊歩道　3 上の方の湖は観光客も少なくひっそりとしている　4 下の湖はニジマスが少ない

> この透明な湖にいるのはニジマス

245

ヨーロッパ

TRAVEL PLAN

プリトヴィッツェ湖沼群

世界遺産

90

旅の目安
>> アメージング度
>> 難度
>> 予算

25万円～ （大人1人あたりの予算）

プリトヴィッツェ湖沼群（クロアチア）

アクセス
日本からはウィーンやフランクフルト乗り換えでクロアチアのザグレブまで12～14時間ほど。ザグレブからバスで約2時間30分でプリトヴィッツェ国立公園の入口までダイレクトに行ける。

ザグレブ空港のターミナル

ベストシーズン
クロアチアの観光シーズンは6～9月の夏期。しかし、7・8月は降水量が少なく、湖や滝の水量が減ってしまうので、水量がまだ多く、天候が安定している春～初夏にあたる5～6月がベストシーズン。また、10月末～11月にはエメラルドグリーンと紅葉が美しいシーズンでもある。

日本人にはたまらない紅葉の景色

旅のヒント
国立公園内は遊歩道が完備されているが、所々滑りやすい箇所もあるので、歩き慣れた靴で行きたい。また、冬期は積雪がある場合などに公園が閉鎖され、入場できないこともある。

凍結した滝もまた美しい

ツアー情報
プリトヴィッツェ湖沼群は中欧で屈指の人気観光地なので、ザグレブ、プリトヴィッツェ、ドブロヴニクを一緒に巡る8～9日間の周遊ツアーが各社より出ている。経由地のウィーンやイスタンブールでの観光を含むツアーも多いが、プリトヴィッツェで1泊してじっくり観光できるプランがおすすめだ。現地発着ツアーはプライベート手配のみ。

公園内を走行するエコロジーバス

大小16の湖と92の滝が織りなすグリーン絵巻

アドリア海沿岸部の内陸に沿って延びるディナル・アルプスはドロマイトと呼ばれる白雲岩や石灰岩を多く含んだ地形から形成されている。この山脈の上を流れるプリトヴィッツェ川の水流は石灰質を多く含み、長い年月をかけて山を浸食しながら石灰棚を形成していき、段々状になった16の湖と92の滝が連なる景観を作り出した。

比較的平坦なコジヤク湖を挟んで上流と下流に分かれ、下流部分にあるヴェリキの滝は落差約78mと公園内で最大の落差の滝で、プリトヴィッツェ川とコラナ川の合流地点にあたる。

プリトヴィッツェは19世紀末のオーストリア帝国領時代には観光地化された。早くから環境保護に力を入れてきた甲斐があり、1979年というかなり早い段階で世界遺産に登録されている。

プリトヴィッツェ湖沼群
Plitvice Lakes

http://www.np-plitvicka-jezera.hr（公式サイト）

モデルルート

DAY 1 成田からウィーン経由などでザグレブへ

PM9:00 ザグレブ市内のホテルで宿泊
ウィーンやフランクフルト経由だとザグレブには19:00〜20:00頃に到着。翌朝は早いのでバスターミナルの近くにホテルをとりたい。

DAY 2 ザグレブからバスでプリトヴィッツェへ

AM6:00
6:00〜7:00台に出発する朝のバスでプリトヴィッツェに出発。ザグレブから約2時間30分。国立公園の入口2のバス停で降りて、ホテルへ。周辺のホテルで早めのランチをとってから散策スタート。

PM1:00 エコロジーバスで上の湖へ
園内を走るエコロジーバスに乗ってST4のバス停で下車。上の湖群にある、ツィギノヴァツ湖からガロヴァツ湖に向かって歩く。

ガロヴァツ湖〜グラディンスコ湖を結ぶ遊歩道

PM3:00 ヴェリキ・プルシュタヴツィの滝へ
ガロヴァツ湖を越えると見えるのが水量豊富でダイナミックなヴェリキ・プルシュタヴツィの滝だ。

数ある滝のなかでも美しい

PM5:00 ホテルに戻って夕食にマスのグリルを
ヴェリキ・プルシュタヴツィの滝から東に行き、湖を渡る遊覧船で対岸に渡ればホテルがある入口2まで戻ってくることができる。夕食には名物のマスのグリルを。

コンガリオイシソウ

ホテルのすぐ近くのレストランで出されているマスのグリル

DAY 3 早起きして観光客の少ないうちに滝と湖の絶景を堪能

AM8:00 遊覧船でコジャク湖の対岸へ
国立公園の開園は8:00から。遊覧船を乗り継いでコジャク湖の対岸まで移動。

2つの航路を約20分間隔で運航している

AM8:30 ミラノヴァツ湖周辺の滝
ミラノヴァツの滝やミルカ・トルニナの滝を見ながら遊歩道を進んでいく。

コジャク湖からミラノヴァツ湖への遊歩道

AM9:30 ヴェリキの滝へ
カヴァノヴァツ湖とカルロジェヴァツ湖を抜けるとヴェリキの滝だ。

コウエンデイチバンオオキナタキナンダッテ

ヴェリキの滝

PM1:00 バスでザグレブへ
エコロジーバスのST1のバス停から入口2まで行く。ザグレブ行きバスの待ち時間に近くの店でおみやげを探すのもよい。

PM4:00 夕方のザグレブ旧市街を散策 
イェラチッチ広場あたりから聖マルコ教会まで旧市街を散策。夕食はイリツァ通り周辺のレストランでザグレブ名物のカツレツを。

夕暮れ時の聖マルコ教会

DAY 4,5 ウィーン経由などで日本へ帰国

#滝 #湖

247

91

全長728mに及ぶ
2000年前の水道橋

セゴビアの水道橋
Aqueduct of Segovia

スペイン

わずかな傾斜を利用して遠いところから水を運んだんだ

傾いているように見えないほど緻密な計算がされてるんだね

今でも水道橋の上に水道管が通ってる

2000年近く現役ってすごいね

1 上空から見た水道橋。左上の旧市街で水道は地下に潜る 2 アソゲホ広場のあたりでは30m近い高さがある 3 旧市街の路地裏。奥に見えるのがカテドラル 4 18世紀に完成したカテドラルを中心に広がる旧市街も世界遺産

ヨーロッパ

セゴビアの水道橋
Aqueduct of Segovia

http://www.segoviaturismo.es（セゴビア観光局）

TRAVEL PLAN
セゴビアの水道橋

世界遺産

91

全長728mに及ぶ2000年前の水道橋

遠く離れた水源から都市へと水を引く技術はローマ時代に構築された最も高度な技術のひとつ。セゴビアの水道橋は、1〜2世紀頃に約2万5000個もの大理石を使って造られた巨大なもの。現存する水道橋の中でも保存状態のよさでは屈指。水道橋の長さは約820mで、町から約17km離れた水源から水を運んでいた。水道橋は15世紀にも修復され、19世紀中頃まで現役だった。言い伝えでは堕天使ルシフェルが乙女の魂を奪うため、たった一晩でこの水道橋を造り上げようとした。しかし、夜明け前に最後のひとつの石材が欠けていたため、完成には至らなかったという。今でもルシフェルの指の跡が残る石があるとか。
セゴビアの町外れにはディズニー映画『白雪姫』の城のモデルとして有名なアルカサルが建つ。

旅の目安
>> アメージング度
>> 難度
>> 予算

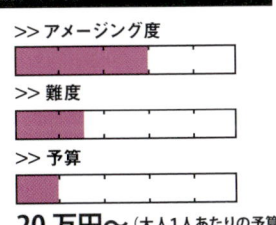

20万円〜（大人1人あたりの予算）

セゴビアの水道橋（スペイン）

アクセス
日本からパリやアムステルダム乗り換えでマドリッドまで16時間前後。マドリッドからセゴビアまでバスで1時間15分。

ベストシーズン
イベリア半島内陸部の高原地帯に位置しており、寒暖の差が厳しい。夏は35℃を超える日もあり、冬には雪が降ることもある。春と秋が比較的降水量が多いので==猛暑の真夏を避けた6月や9月頃==がベストシーズンといえる。

旅のヒント
マドリッドから日帰りでも充分に観光できるが、できれば==1泊して旧市街をのんびりと散策したり、名物の子豚の丸焼きを味わったり==してみたい。夏の離宮があるラ・グランハや世界遺産の城塞都市アビラへもセゴビアからバスで行ける。

ツアー情報
8〜10日間の周遊ツアーだとセゴビア観光が含まれている場合があるが、マドリッド往復フライトとホテルがセットになった5〜6日前後のプランもある。またマドリッドではセゴビアへの1日ツアーも出ている。

＋ モデルルート

日本を出発し、ヨーロッパ主要空港で乗り換えるとマドリッド到着は夕方から夜。市内で1泊してもよいが23:00頃までセゴビア行きのバスが運行しているので初日に移動してしまうのも手。セゴビアで2泊し、世界遺産アビラに行っても5日あれば日本に帰国できる。

町の北側に建つアルカサル

遺跡　# 街並

251

92
地球の底に轟音とともに
爆流が吸い込まれる！

グトルフォス
Gullfoss

アイスランド

ものすごいダイナミックな水量！

氷河の氷が解ける夏に一番水量が多くなる

水の色が真っ白に見えるよ

フヴィタ川のフヴィタはホワイトの意味

グトルフォス
Gullfoss

> 日本のテレビ番組で芸人さんが「間欠泉しゃぶしゃぶ」に挑戦したのがココ

> プレートの境目は毎年2〜3cmずつ広がっている

1 左頁：ビジターセンター近くから見たグトルフォスの滝　1 5〜10分間隔で吹き上がるストロックルの間欠泉　2 シングヴェトリル国立公園。川を挟んで北側が北アメリカ大陸プレート、南側がユーラシア大陸のプレートだ

2

ヨーロッパ

TRAVEL PLAN
グトルフォス

92

地球の底に轟音とともに爆流が吸い込まれる!

「黄金の滝」を意味するグトルフォスはアイスランドの大地に轟音とともに落ちる瀑布。フヴィタ川という氷河を源とする川から流れており、落差こそ約32mと高くはないが、流れ落ちる圧倒的な水量が作り出すダイナミックな景観はアイスランド随一の滝といえる。水量は毎秒2000立方メートルという記録も残っており、季節によってはナイアガラの滝をも上回る。この流量のエネルギーに目を付けた外国資本が、20世紀初頭に滝の地形を変えて水力発電所を建設しようとしたことがあった。しかし地元に住むシグルスルという少女が建設に反対して滝に身を投げようとし、さらには120km離れたレイキャヴィクまで裸足で歩いてダム建設による自然破壊を訴えに行った。少女の尽力により、計画は見送られた。

旅の日安
>> アメージング度
>> 難度
>> 予算

30万円〜（大人1人あたりの予算）

グトルフォス（アイスランド）

アクセス
日本からの直行便はないが、デンマークのコペンハーゲン乗り換えで18〜19時間。グトルフォスへは首都レイキャヴィクから日帰りツアーで行くのが一般的。

ベストシーズン
夏期の水量が最も多く、毎秒140立方メートルで、冬期は毎秒80立方メートルといわれており、ダイナミックな水流と時折架かる虹を見るなら夏がベストシーズン。周囲を雪に覆われた冬の滝の姿もまた美しいが、日照時間が極端に短く、晴天の日が少ないのが難点だ。

冬でも全面凍結することはない

旅のヒント
滝の周囲には遊歩道があるが、防護柵等はないので、写真撮影の際には足下に気を付けよう。グトルフォス以外にもアイスランドには滝が多く、ツアーでも滝壺に入ったりすることがあるので夏期でも防水仕様のアウトドアジャケットがあると便利。

滝の近くまで行くときは足場に気を付けよう

ツアー情報
日本発着のツアーだとグトルフォスやゲイシル、シングヴェトリル国立公園などゴールデンサークルと呼ばれる観光ハイライトを巡る6〜7日間のツアーが出ている。現地発着のゴールデンサークルのツアーは半日と1日があり、1日ツアーの場合はグトルフォスやゲイシル、シングヴェトリル国立公園でランチをとることが多い。また、アイスランド南部の氷河と滝巡りもゴールデンサークルと並ぶ人気の観光コース。

アイスランド南部ヨークルルアウスロンの氷河湖を行くボートツアー

グトルフォス
Gullfoss

http://www.visiticeland.com（アイスランド観光局）

モデルルート

DAY 1 成田からコペンハーゲン経由などでアイスランドへ

AM12:00 空港の旅行会社でツアーを手配
成田発の便で乗り継ぎがよいのはコペンハーゲンやロンドン経由。成田空港を昼頃に出れば、同日の正午前後にケプラヴィク国際空港に到着。ツアーの手配がまだなら空港内の旅行会社で手配しておこう。

PM3:00 レイキャビクの町歩き
午後から町歩きへ。ハットルグリムス教会の塔から町を見下ろしたり、博物館を回ったりしてみよう。夕食は新鮮なシーフードを。

ハットルグリムス教会

DAY 2 ゴールデンサークルの1日ツアーに参加

AM8:00 ゲイシルとストロックルの間欠泉へ
ホテルへのピックアップは 8:00 頃。ストロックルの間欠泉は 5 〜 10 分間隔で吹き上がることもあり、人気の観光スポットだ。

スゴイオトガスルヨ！

一斉に観光客がカメラを向ける

PM0:00 グトルフォスでランチタイム&ミニハイキング
ツアーによって回る順番が異なることがあるが、グトルフォスへは大体ランチタイムに訪れることが多い。滝近くのカフェでランチをとったら自由時間にグトルフォスの周りを散策して大瀑布と轟音を体感しよう。

滝の展望スポットを何ヵ所か行ってみたい

PM3:00 地球の割れ目 シングヴェトリル国立公園へ
世界遺産のシングヴェトリル国立公園はユーラシアプレートと北米プレートの分かれ目でその裂け目はギャオと呼ばれる。10 世紀にアイスランド初の議会が開かれた歴史的な場所でもある。

シングヴェトリル国立公園

DAY 3 氷河と滝巡りの南部アイスランド1日ツアー

AM7:30 スカフタフェットル国立公園とセイリャラントスフォスの滝
国道から大きな氷河が見えるスカフタフェットル国立公園からセイリャラントスフォス、スコーガフォスの滝を回っていく。

セイリャラントスフォスの滝 　スカフタフェットルの氷河

PM1:00 氷河のかけらが浮かぶ湖 ヨークルルアウスロンへ
昼食をとった後は氷河から落ちたかけらの氷山が浮かぶラグーンのヨークルルアウスロンへ。湖岸の黒い土と青い氷河が美しいコントラストを見せる。

アオイコオリガトッテモキレイ！

ボートに乗って遊覧できる

DAY 4,5 コペンハーゲン乗り換えで日本へ帰国

#滝 #間欠泉

257

93 幻想の世界へ誘う モスクのアラベスク模様

トルコのモスク
Mosques in Turkey

トルコ

真ん中の大きなドームを支えるのが半円形の副ドーム

植物模様とコーランの章句でびっしりだ！

ドームを支える巨大な柱は「ゾウの足」といわれているよ

礼拝を終えてみんな帰って行くね

トルコのモスク
Mosques in Turkey

左頁：ブルーモスクには光を多く取り込めるように260個もの窓がある　1 エディルネにあるセリミエ・モスク。手前の像が建築家ミマル・シナン　2 青いタイルが敷き詰められたリュステムパシャ・モスクの入口　3 ブルーモスクのミナレット（尖塔）は6本もある　4 リュステムパシャ・モスクの小窓　5 チューリップをモチーフにしたイズニック産タイル　6 カーネーションやチューリップ、バラなど色々な花がモチーフになっている

すぐ裏側はマルマラ海、その先には新市街の高層ビルが見える

モスクの周りをカモメがいっぱい飛んでる

261

ヨーロッパ

TRAVEL PLAN
トルコのモスク

世界遺産

93

旅の日安

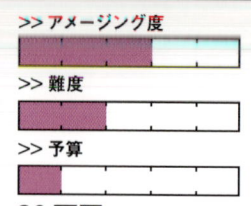

>> アメージング度

>> 難度

>> 予算

20万円～ (大人1人あたりの予算)

トルコのモスク（トルコ）

アクセス

イスタンブールへは日本から直行便で約12時間。ドーハなど中東経由の便もある。空港から旧市街へは地下鉄と路面電車を乗り継いで1時間前後。

ベストシーズン

一般的に4～9月が観光シーズン。海に囲まれていることもあり、7～8月はかなり蒸し暑くなることもある。冬期は雨が多く、時には雪が積もることもある。

旅のヒント

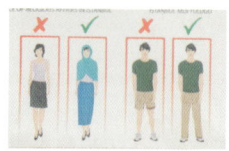

ほとんどのモスクは地元の人達の礼拝の場として機能しているため、1日5回の礼拝時間には観光客の入場が制限されることがある。礼拝時間は太陽の位置によって1年を通して変わる。日中だと正午過ぎから午後と日没前の夕方の礼拝時間に注意したい。また、モスクの内部は土足厳禁で、ノースリーブや短パンなど肌の露出が多い服装での入場もNGだ。
また、ブルーモスク周辺は、日本語を巧みに操る客引きによる詐欺被害が続出している場所。親しげに声を掛け、言葉巧みに絨毯屋などに連れて行くので要注意。

ブルーモスクの入口に貼られていた服装の規範

ツアー情報

イスタンブール往復のフライトとホテル滞在がセットになった4～5日間の滞在プランが各社から出ている。市内観光付きならカッパドキア（→P.230）などと一緒に回る周遊ツアーがある。
現地発のイスタンブール市内ツアーは少なく、乗り降り自由の観光バスやボスポラス海峡クルーズぐらい。天候がよければヘリコプターで市内を遊覧するフライトもおすすめ。

観光バスは城壁周辺など旧市街から離れた場所に行くときに便利

幻想の世界へ誘うモスクのアラベスク模様

1453年にメフメト2世によって攻略されたイスタンブールは、アラビア半島からヨーロッパ、北アフリカという広大な版図を手中にしたオスマン朝の都として約470年にわたって繁栄した。
トルコの建築史における巨匠、ミマル・シナンは、オスマン朝の最盛期の時代に公衆浴場から橋、巨大モスク、病院や神学校などあらゆる建造物を手掛けた天才建築家で、オスマン朝の領土の隅々にまで300を超す多くの作品を残している。
イスタンブールのスレイマン・モスクやエディルネのセリミエ・モスクがミマル・シナンの代表作だ。イスタンブールのシンボル的存在のブルーモスクはシナンの弟子、メフメト・アーによる設計。さらに時代が進むと、ヨーロッパのバロック建築を取り入れたモスクも多く造られるようになった。

トルコのモスク
Mosques in Turkey

http://www.tourismturkey.jp（トルコ政府観光局）

モデルルート

DAY 1 　直行便でイスタンブールへ

PM7:00　イスタンブール旧市街のホテルへ

タクシーで空港から旧市街へ向かう場合、夕方の渋滞に巻き込まれるとかなり時間がかかることもある。旧市街は道が入り組んでおり、一方通行も多く、結局遠回りになることもある。ブルーモスクがきれいに見えるホテルをチョイスしたいところ。

DAY 2 　ブルーモスクやトプカプ宮殿 旧市街の世界遺産を中心に観光

AM8:00　朝一番でブルーモスクへ

日の出から正午過ぎまでは礼拝時間とならないので午前中がおすすめ。

ナカノタイルガ
アオイカラ
ブルーモスク
ナンダッテ

AM8:45　オスマン朝の中枢、トプカプ宮殿

トプカプ宮殿はオスマン朝の歴代スルタンの居城。夏のシーズン中は入場券を買い求める長い行列ができるので早めに行きたい。ダイヤモンドやエメラルドの短剣が展示された宝物館やハーレムも含めてじっくり回ると3時間以上はかかる。

トプカプ宮殿の送迎門

PM1:30　路面電車でイェニ・モスクへ

スルタンアフメット駅から路面電車に乗って3つ目のエミノニュで下車。金角湾に浮かぶ船の屋台で名物の焼きサバのサンドイッチをランチに食べたら、向かいに見えるイェニ・モスクとエジプシャンバザールへ。タイルがきれいなリュステムパシャ・モスクも近い。

フランスパンとサバが絶妙に合うイスタンブール名物

香辛料や乾物の品揃えが豊富なエジプシャンバザール

夕方　ガラタ塔からの夕暮れと旧市街の夜景を見ながらディナー

ガラタ塔近くのレストランからの景色

夕暮れ時にガラタ橋を渡って坂を登ったところにそびえるガラタ塔へ。夕日をあびて輝くモスクのドームと尖塔のシルエットをぜひ目にしたい。夕食は新市街の眺めのよいレストランで海峡と旧市街の夜景を眺めながら楽しもう。

DAY 3 　イスタンブールから日帰りでエディルネへ

AM8:00

エディルネへはイスタンブールの長距離バスターミナルから約2時間30分。到着したらミニバスや送迎バスで旧市街に行けばセリミエ・モスクが目の前に見える。

AM11:00　セリミエ・モスクやバザールを観光

ドームの装飾やタイル、チューリップのレリーフなど細かな装飾も注意して見てみよう。

クビガ
イタクナル
グライ
ナガメチャウ

PM7:00　ハマムでアカすり体験

ブルーモスクのすぐ近くにあるヒュッレム・スルタン・ハマムはミマル・シナン設計。エステが評判で女性に人気が高いが、男湯もちゃんとある。

DAY 4,5 　おみやげを買ったら午後には空港へ

AM9:00

旧市街観光の目玉のひとつ、アヤソフィアを朝一番で見学。アヤソフィアはオスマン朝時代にはモスクとして使用され、そのドームの大きさにミマル・シナンも圧倒され建築家人生に大きな影響を受けた。その後徒歩や路面電車でグランドバザールへ行き、市場内を散策しながらおみやげの品定め。バザール内のカフェや食堂でランチを食べたら空港へ向かおう。

\#建造物　\#宗教

COLUMN_04

迷うことなく愛は一直線に！
緑のトンネルはどこへ誘うのか

94
愛のトンネル
Tunnel of Love
>> ウクライナ

ロケーション▶首都キエフから西へ約300kmのリヴネの町が起点。キエフからバスか列車で行くことができる。リヴネから愛のトンネルがあるクレヴァンへはバスで行ける　**旅のウンチク▶**緑が美しい初夏～夏がベストだが、9月頃の紅葉シーズンもロマンティック

愛は強い。愛がなければ地球は途絶える。そんな伝説があるのかどうか、ここは永遠に続くかのように見える愛のトンネル。ウクライナ北西部にあるクレヴァンは15世紀頃にポーランド系貴族のチャルトリスキ家の支配の下で栄えた小さな町。愛のトンネルは、クレヴァンの町外れにある線路だ。元々は旧ソ連時代に軍用の鉄道として敷設され、上空からの偵察をカモフラージュするために、緑のトンネルで覆われた。線路はすでに老朽化しており、メンテナンスもされていないようだが、現在は地元工場が線路を所有しており、貨物列車が1日何便か運行されている。愛を語り合って列車に接触しないように。愛は列車よりは弱い。

95	セブン・マイル・ブリッジ	
	アメリカ	P.266
96	シカゴの高層建築	
	アメリカ	P.270
97	ボウリング・ボール・ビーチ	
	アメリカ	P.274
98	アンテロープキャニオン	
	アメリカ	P.278
99	オーロラ	
	カナダ	P.284
100	イエローストーン	
	アメリカ	P.288

北米
North America
WONDER SPOT

海の上のドライブは
気持ちよさそう！

片側1車線しかない
からよそ見厳禁！

95

全長10kmを超える
海の架け橋

セブン・マイル・ブリッジ
Seven Mile Bridge　　アメリカ

先端にあるナイトキーに車を停めて橋を眺められるよ

ナイトキーにあるバーは夕日がきれいに見えるスポット！

1 ナイトキーの駐車場からピジョンキーまで歩いて行ける **2** パステルカラーの建物がきれいなキーウェストの町 **3** リゾートチェアに寝そべってカリブ海を眺める **4** カリブ海を航行する大型客船が停泊中

アメリカ

セブン・マイル・ブリッジ
Seven Mile Bridge

http://www.fla-keys.com（フロリダキーズ観光局）

TRAVEL PLAN
セブン・マイル・ブリッジ

95

旅の目安

>> アメージング度
>> 難度
>> 予算

30万円〜（大人1人あたりの予算）

セブン・マイル・ブリッジ（アメリカ）

アクセス

日本からアトランタやシカゴ、ダラス経由の便でマイアミまで約15〜17時間。マイアミからフロリダキーズへは長距離バスが1日2便のみ。橋の上には停留所はないので手前のマラソンか後のビッグ・パイン・キーで下車。マイアミから3時間30分ほど。

ベストシーズン

年間を通して温暖だが、6〜8月はスコールが降ることも多く、8〜10月はハリケーンが発生することも。ベストシーズンは天候が比較的安定している4〜5月。

旅のヒント

国道1号線は2車線（片側1車線）の道路で、いつも交通量が多く、セブン・マイル・ブリッジも路肩で停車して景色を楽しむようなことはできない。事故も多いエリアなのでレンタカーで観光するときは注意しよう。

ツアー情報

マイアミの発着のキーウェスト1日ツアーでもセブン・マイル・ブリッジを訪れることができる。また、キーウェスト空港からはヘリコプターやセスナ機の遊覧飛行もある。

\#橋 \#海

全長10kmを超える海の架け橋

フロリダキーズは、フロリダ半島の先端から続く約290kmの列島。キーと呼ばれる島々は国道1号線と多くの橋によって結ばれている。セブン・マイル・ブリッジはこの国道1号線上にある全長約10.9km（7マイルより少し短い）の橋で、マラソンとロウアーキーの町を結んでいる。

国道1号線は元々キーウェストへ物資を運ぶために1912年に開通したフロリダ東海岸鉄道の線路だった。しかし、ハリケーンで大きな被害を受けたため、1935年に廃線となった。線路は1938年に自動車道路に転用され、現在見られるセブン・マイル・ブリッジは1979年から4年かけて造られたものだ。併走して残る橋はかつて鉄道橋だった部分（オールド・セブン・マイル・ブリッジ）で、橋の一部は今でも上を歩くことができる。

➕ モデルルート

日本を午後に出発するとその日の夕方〜夜にマイアミに到着。2日目の朝にレンタカーを借りてキーウェストまでドライブ。夕方に合わせてセブン・マイル・ブリッジを通ってマイアミまで戻る。3日目はキーウェストの遊覧飛行か、マングローブ林やワニが見られるエバーグレーズ国立公園へ。4日目の午前にマイアミを出発すれば5日目の夕方に日本へ帰着できる。

旧鉄道橋のオールド・セブン・マイル・ブリッジ

269

96 世界の金融を支える驚異の街並み

シカゴの高層建築
Chicago Skyscrapers 🇺🇸 アメリカ

ウィリスタワー103階のスカイデッキから眺める夜景は最高！

光の絨毯がどこまでも広がっているみたい！

[1] ミシガン湖のほとりに広がる摩天楼の町。手前の緑はグラントパーク [2] ウィリスタワーにあるアクリル板でできた展望エリア。真下が見える [3] マグニフィセント・マイルと呼ばれるシカゴの目抜き通り

高さ346mのAONセンター

高さ415mのトランプタワー

アメリカ

シカゴの高層建築
Chicago Skyscrapers

http://www.choosechicago.jp（シカゴ観光局）

TRAVEL PLAN
シカゴの高層建築

96

旅の目安
>> アメージング度
>> 難度
>> 予算

20万円〜（大人1人あたりの予算）

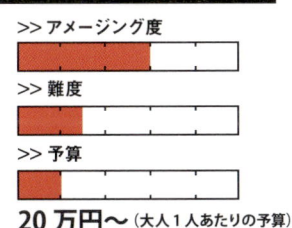

シカゴの高層建築（アメリカ）

アクセス
成田空港からシカゴのオ・ヘア空港まで直行便で約11時間30分。町の中心へは地下鉄でアクセス可能。

ベストシーズン
4月下旬〜9月中旬が観光シーズンで観光客が最も多いのは7・8月。11〜3月の長い冬は湖から強い寒風が町を吹き抜けるため、最低気温が氷点下になることも。3月17日の聖パトリックの日はアイルランド系の人々の祭りで、シカゴ川がアイリッシュのシンボルカラーの緑色に染まる。

旅のヒント
ウィンディ・シティこと風の町といわれるだけあって、湖から1年を通して強い風が吹く。冬に訪れる場合は風や雨を通しにくい素材の防寒具の用意を。

ツアー情報
シカゴ往復のフライトとホテル滞在がセットになった5〜7日間のプランが各社から出ている。現地発着の市内ツアーは、観光バス、クルーズ、自転車、ウオーキング、さらにはセグウェイなどバラエティ豊富。なかでも遊覧船から建築を見るクルーズツアーが人気。

世界の金融を支える驚異の街並み

19世紀中頃から発展を始めたシカゴの景観を一変させる転換点となったのは1871年に起きた大火事だ。復興計画により、当時の最先端技術だった鉄骨の高層ビルが多く建てられた。19世紀末にはゴシックやルネサンス様式の装飾が美しい重厚なデザイン、20世紀にはドイツのバウハウスの流れを汲む様式など、100年以上にわたる高層建築の流れを見ることができる「摩天楼の町」となった。
1973年に完成し、長い間全米で最も高かったシアーズタワー（現ウィリスタワー）はその象徴的存在。2010年には波打つようなデザインのアクアタワーも完成し、シカゴの高層建築は進化を続けている。

アクアタワー

＋ モデルルート
日本から到着した夜にはジョン・ハンコック・センター94階の展望台で、シカゴの夜景を堪能。2日目は午前中に建築巡りのリバークルーズ。午後はウオーキングツアーやバスツアーなどで観光。3日目はシカゴ美術館やフィールド博物館などのミュージアム巡りへ。夜はミシガン湖のナイトクルーズを楽しもう。4日目の午前中の便に乗れば翌日午後には日本に帰国。

船上から摩天楼を見上げる人気のクルーズツアー

#建造物　#街並

273

97
大きな丸い石がゴロゴロ転がる
不思議なビーチ

ボウリング・ボール・ビーチ
Bowling Ball Beach

アメリカ

霧の中から頭を出した
たくさんの玉石

夏の早朝ならこんな霧
の景色が見えるかも

手前に玉石、奥に
断崖。地質の違い
でこんなに変わったんだ

1 周囲の海岸はカリフォルニア州の州立公園になっている。幹線道路沿いの駐車場から遊歩道を通ってビーチまで出ることができる **2** 人の手が入ってないのに規則正しく真っすぐに整列している玉石

アメリカ

ボウリング・ボール・ビーチ
Bowling Ball Beach

http://www.visitmendocino.com（メンドシーノ郡観光局）

TRAVEL PLAN

ボウリング・ボール・ビーチ

97

旅の目安
>> アメージング度
>> 難度
>> 予算

20万円〜（大人1人あたりの予算）

ボウリング・ボール・ビーチ（アメリカ）

大きな丸い石が ゴロゴロ転がる 不思議なビーチ

同じような形と大きさの何百という玉石が海岸を埋め尽くす光景が広がるボウリング・ボール・ビーチは、カリフォルニア州北部、メンドシーノ郡のスクーナー・ガルチ海岸にある。
太平洋の荒波による浸食により、柔らかい部分は削られて断崖（海色崖）を作りつつ徐々に後退していき、堅い性質の部分だけが前方に残り、丸い玉石のように削られていった。岩の直径はどれもだいたい1m前後の大きさだ。

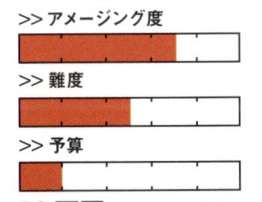

アクセス
日本からサンフランシスコまで直行便で9〜10時間。レンタカーがあればサンフランシスコから北へ向かい、ポイント・アリーナの町の南、約5kmのところに最寄りの駐車場がある。公共交通機関で行くのはかなり困難で、サンフランシスコからバスで約3時間のサンタローザまで行き、ポイント・アリーナ行きのバスに乗り換える。

ベストシーズン
サンフランシスコ周辺は気温差が少なく、年間を通して過ごしやすいので、これといったベストシーズンはないが、6〜8月が雨が最も少なく、天候が安定している。

旅のヒント
霧の中に玉石が浮かび上がる幻想的な風景を見たければ、==比較的霧が発生しやすい6〜9月の朝や夕方==の時間帯に行ってみるのがよいだろう。

霧の街サンフランシスコではゴールデンゲートブリッジもすっぽり霧の中

ツアー情報
サンフランシスコ発のツアーはワインカントリーやヨセミテ国立公園などが多く、ボウリング・ボール・ビーチは1日ツアーの目的地には入っていない。

モデルルート
直行便で到着後、初日はサンフランシスコを観光。2日目にレンタカーでボウリング・ボール・ビーチへ。帰り道にはナパやソノマのワインショップに寄ったり、サンタクララにはスヌーピーの生みの親、チャールズ・シュルツの博物館もあるので興味がある人は立ち寄ってみよう。

余裕があればワイナリー巡りも楽しみたい

#奇岩　#ビーチ

波に洗われて徐々に丸くなっていった

277

鉄砲水の濁流が岩を
削ってできた曲
線だよ

ガイド同伴でないと絶
対に入れない場所

98

肌色のグラデーションが
曲線を描く、地球の造形美

アンテロープキャニオン
Antelope Canyon

アメリカ

狭い隙間から光が差し込むと幻想的！

下を掘ったらお宝が出てくるかな？

アンテロープキャニオン
Antelope Canyon

左頁：谷底には光と一緒に砂も落ちてくる　[1] 地層をよく見ると何度も起こった鉄砲水の痕跡がよくわかる　[2] コロラド川が馬蹄形に曲がったホースシューベンド　[3] 差し込む光の角度によって様々な表情を見せる　[4] レイクパウエルの北岸にあるレインボーブリッジ

アメリカ

TRAVEL PLAN

アンテロープ キャニオン

98

旅の目安

>> アメージング度
>> 難度
>> 予算

20万円〜 (大人1人あたりの予算)

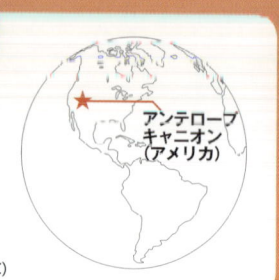

肌色のグラデーションが
曲線を描く、
地球の造形美

アンテロープキャニオンは、アリゾナ州のナバホ族居留地にある、砂岩でできた狭い峡谷。雨期に時折起こる鉄砲水の水流が柔らかい砂岩の地層を削り、流れるようなパターンを描く狭く、切り立った峡谷ができあがった。
1931年にナバホ族の少女によって偶然に発見されたとされ、その曲がりくねった地層がアンテロープ（牛の仲間）の角に似ていることからその名前が付いた。アッパーとロウアーの2ヵ所があり、ツアーでよく訪れるのはアッパー・アンテロープキャニオンだ。
北側に広がる湖はグレンキャニオンダムの開発によってできた巨大な人造湖、レイクパウエルだ。また、下流にはホースシューベンドという、馬蹄形にコロラド川が湾曲した絶景ポイントがある。

アクセス

アンテロープキャニオンへの最寄りの町はペイジというレイクパウエルのほとりにある町。ロサンゼルスやフェニックス、ラスベガスなどから定期便があり、日本を出発し、乗り継ぎで同日に到着することができる。

ベストシーズン

アンテロープキャニオンへ行くからには地上から太陽光が差し込む姿をぜひ目にしたいもの。この光景は ==4〜10月の正午前後にしか見られない==。ラスベガス発のツアーが早朝に出発するのもそのためだ。冬期でも見学はできるが、現地発のツアーも少ない上、==上流で雨が降った後などは入場禁止==になることもある。

旅のヒント

アンテロープキャニオンはナバホ族が管理する土地にあり、無断で入ることは厳しく禁じられている。そのため==必ず公認ガイド同伴のツアーに参加==しなければいけない。夏期は日差しが強く、乾燥しているので、日焼け対策やこまめな水分補給を忘れずに。砂地を歩くので、履き慣れた靴で行きたい。

ツアー情報

日本からはグランドキャニオンやセドナなどと一緒に巡る8・9日間の周遊ツアーに含まれることが多い。ラスベガス往復のフライトとホテルがセットになったプランもおすすめ。現地発着のツアーでは==ラスベガスを早朝に出発するツアー==のほか、グランドキャニオン・サウスリムからは飛行機とバスで訪れるツアーが出ている。なお、ロウアー・アンテロープキャニオンへのツアーは少なく、ペイジ発着の場合がほとんど。ペイジではレイクパウエルのクルーズのほか、コロラド川くだりなど色々なアクティビティが楽しめる。

グレンキャニオンダム

アンテロープキャニオン
Antelope Canyon

http://visitpagearizona.com（ペイジ市観光局）

モデルルート

DAY 1 日本からロサンゼルス、フェニックス経由でペイジへ

PM6:00 ペイジのホテルへ
日本を午後発の便で出発してロサンゼルスとフェニックスで乗り換えれば同日夕方にはレイクパウエルのほとりのペイジに到着。

DAY 2 ペイジからアンテロープキャニオンへ

AM9:00 博物館で観光プランの相談
ペイジの町にあるパウエル博物館ではレイクパウエルにまつわる歴史展示のほか、周辺のツアーの予約やガイドの紹介など観光相談にも乗ってくれるので積極的に活用しよう。

AM11:30 アンテロープキャニオンへ
正午過ぎがアンテロープキャニオンに差し込む光が一番美しい。11:30前後にペイジを出発するツアーがおすすめ。

アイノパワースポットサガシテミテネ

ハート形にカーブしている場所もある

PM2:30 アンテロープキャニオンのクルーズへ
レイクパウエルからアンテロープキャニオンの入り江を進むクルーズに参加。所要約1時間30分。

ロウアー・アンテロープキャニオンの下流部分にあたる場所を船で進む

PM6:00 レイクパウエルのディナークルーズへ
夕日をバックにレイクパウエルのディナークルーズに参加。

レイクパウエルの夕暮れ

DAY 3 クルーズと遊覧飛行でレイクパウエルを堪能

AM7:30 レインボーブリッジへクルーズ
レイクパウエルを片道2時間30分かけてレインボーブリッジへ。途中の景色も絶景が続く。かつては湖の水が橋の下まで来ていたというが、環境の変化により水位がかなり下がり、内陸に残されてしまった。

レインボーブリッジの高さは約75mもある

午後 レイクパウエルの遊覧飛行へ
ペイジの空港から午後に出発する遊覧飛行に参加。ホースシューベンドとレイクパウエル上空を飛ぶコースが多い。

ドコマデモツヅイテミエルヨ

赤茶けた台地とのコントラストが美しい

DAY 4,5 フェニックス、ロサンゼルス乗り換えで帰国

+1DAY モニュメントバレー

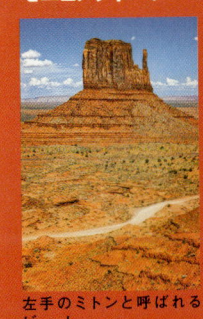

数々の映画やCMでおなじみのモニュメントバレーへはペイジから遊覧飛行で行ける。ビュートと呼ばれる岩塊を眼下に見下ろし、着陸後はガイド付きの観光というコース。ペイジからはグランドキャニオンへの遊覧飛行も出ている。

左手のミトンと呼ばれるビュート

#奇岩　#湖

99
宇宙の神秘が間近に
感じられる、光のカーテン

オーロラ
Northern Lights

🇨🇦 カナダ

極北の夜空に架かる
オーロラのカーテン

湖面に鏡のように反射
している

オーロラが光りやすいのは高さ100〜300km。スペースシャトルまであと少しという超高度

1 イエローナイフのオーロラビレッジ。ティーピーという休憩用テントが並ぶ　2 極北のイヌイットにとってオーロラは癒しの力。精霊が地上に話しかけているとも　3 七色に輝くオーロラのカーテン　4 絶えず動き続けるオーロラ。その速度は時速7000kmを超えるとか

アメリカ

オーロラ
Northern Lights

http://jp-keepexploring.canada.travel（カナダ観光局）

TRAVEL PLAN
オーロラ

99

旅の目安

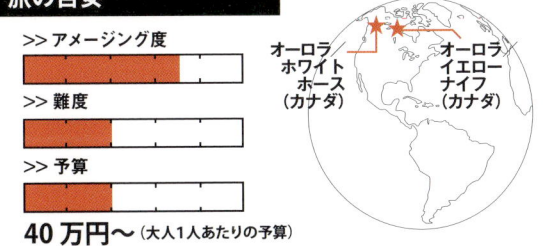

>> アメージング度
>> 難度
>> 予算

40万円～（大人1人あたりの予算）

オーロラ ホワイトホース（カナダ）
オーロラ イエローナイフ（カナダ）

アクセス

カナダでオーロラ観測の拠点になる町はイエローナイフやホワイトホース。イエローナイフへはカルガリー経由で日本から最短約13時間。ホワイトホースならバンクーバー乗り換えで約13時間。

ベストシーズン

オーロラは1年中出ているが、空が暗くないと見えない。高緯度地方の夏期は夜でも暗くならないほど日照時間が長いので、オーロラを見ることはできない。そのため夏期以外が観測可能なシーズン。日照時間が短く、天候が安定している12～3月頃もよいが、紅葉とオーロラを一度に楽しめる9月も人気だ。

旅のヒント

冬にオーロラを見に行く場合は、保温性の高いアンダーウェアはもちろん、防水と保温に優れた上下の防寒着や滑りにくいブーツなどを用意しておきたい。

ツアー情報

日本発ならイエローナイフのオーロラビレッジやホワイトホースのロッジに2～3泊してじっくりとオーロラ観賞するツアーが人気。昼間は犬ぞり体験やスノーモービルのツアーに参加できる。

宇宙の神秘が間近に感じられる、光のカーテン

太陽の表面はコロナという超高温（約200万℃）の層で包まれている。コロナが爆発したときに起こる太陽風が、地球に到達する際、上空100～500kmにある電離圏という層で太陽風のプラズマと電離圏の原子が衝突した際に放たれる光がオーロラだ。カーテンのように曲がって見えるのは、太陽風が地磁気の極に引き寄せられるため。色が違うのは太陽風が元素とぶつかる高度と元素の種類による。紫やピンクのオーロラは上空約100kmで窒素と太陽風がぶつかったときに発せられる色だ。

北極と南極を軸に地球を囲む地磁気圏の作用により、太陽風は地球に近づけない。しかし南極・北極の上空には太陽風が届き、北アメリカや北欧など緯度65～70度のオーロラベルトとよばれる一帯で観測することができる。

➕ モデルルート

冬のツアーの場合、日本を出発してホワイトホースなら当日に到着。イエローナイフならバンクーバーで1泊して翌日に移動。オーロラ観測拠点のホテルに移動し、2～3連泊して観測を楽しみ、日本に帰国する。6～7日ぐらいの行程だ。

ホワイトホースの町

極彩色の巨大温泉、グランド・プリズマティック・スプリング

直径は100m以上！ 緑と黄色は藻の色だよ

100
地球の鼓動を感じる
世界最古の国立公園

イエローストーン
Yellowstone

アメリカ

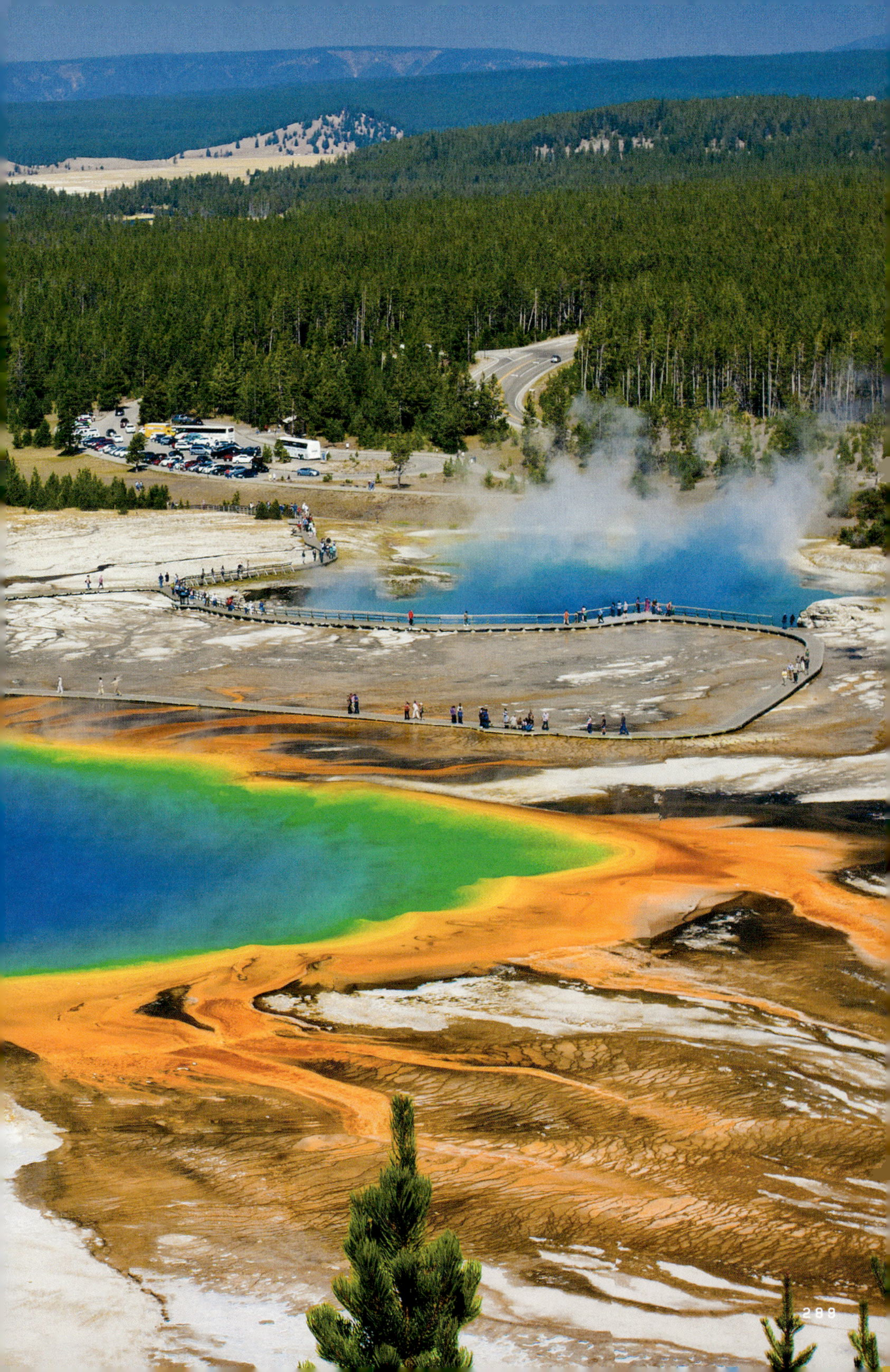

小さな温泉だけどイエローストーンのシンボル的存在

噴出口は70℃近い高温だから近づく時は気を付けて！

イエローストーン
Yellowstone

小さな噴出から徐々に勢いよくなって50m以上の高さになるよ

左頁：モーニンググローリー（朝顔）と呼ばれる温泉。茎のような所があって花のように見える。
1 グランド・プリズマティック・スプリングの周辺部
2 ノリスというエリアは公園内でも温泉活動が最も活発な場所
3 草原が広がるヘイデンバレー
4 オールドフェイスフルの噴出は約1〜2時間おき。年に数回というサイクルの間欠泉もある

アメリカ

TRAVEL PLAN
イエローストーン

世界遺産

100

旅の口コミ
>> アメージング度
>> 難度
>> 予算

30 万円〜（大人1人あたりの予算）

地球の鼓動を感じる
世界最古の国立公園

吹き上がる間欠泉、極彩色の温泉群、白亜の石灰棚や黄色い岩峰が続く渓谷……。火山や地熱活動によってできたさまざまな自然を見ることができるイエローストーンは元々「霊気に満ちあふれた場所」として先住民から信仰されていた。探検隊によってイエローストーンが正式に「発見」されたのが1870年のこと。探検隊のメンバーの地質学者ヘイデンらが中心となり、イエローストーンの保全を訴えたのが1872年の国立公園制定へとつながっていった。
総面積約8987m^{2}という広大なエリアで、毎年300万人以上が訪れるという人気の観光地。早くから整備されただけあり、宿泊できるロッジやビジターセンターなど設備も整っている。間欠泉を部屋の窓から見られるオールドフェイスフル・インが有名だ。

アクセス

レンタカーの利用が可能なら最も便利なのは公園の北西にある**ボーズマン空港**。シアトルやポートランド経由で15時間ほど。公園南側の**ジャクソンホール空港**はデンバーやソルトレイクシティ乗り換えで15〜16時間と乗り継ぎもよく、グランドティトン国立公園と一緒に回ることもできる。ただし、**どちらの空港も公共交通機関に乏しい**のが難点。国立公園の玄関口で、ホテルも多くバスツアーが発着するウエストイエローストーンにも空港はあるが、夏期にソルトレイクシティへの便があるのみ。日本からの便との乗り継ぎも悪く、最低でも24時間以上かかってしまう。

ベストシーズン

観光ツアーの種類が多いのは6〜9月。ベストシーズンは**緑が美しく、野生動物の姿も多く見られる7〜8月**。公園内のロッジはどこも人気なので、シーズン中は早めの予約を。冬は出入口の多くが閉鎖され、エリアは限定されるが観光は可能。

冬期はガイドが運転するスノーモービルで園内を回れる

旅のヒント

園内をレンタカーで回るときは、バッファローに注意。時折**バッファローが道路を横切ることが原因で渋滞が起こる**こともしばしば。また、間欠泉や温泉地帯などは足場が悪い所もあるので滑りにくい靴で回ろう。

ツアー情報

日本発ならイエローストーンとグランドティトンを巡る6・7日間のツアーが出ているほか、シーズン中はジャクソンホール空港やソルトレイクシティ**発着のツアー**もある。現地発ではレトロなバスで園内を回るツアーや駅馬車に乗って渓谷を行くツアーも人気だ。

開拓時代を彷彿とさせる駅馬車ツアー

| イエローストーン |
| Yellowstone |

http://www.nps.gov/yell（公式サイト）

モデルルート

DAY 1 成田からアメリカ西海岸経由でボーズマン空港へ

PM3:00

空港近くのホテルに泊まるか送迎をアレンジ

成田発の午後便でシアトルやポートランド経由でボーズマンには 14：00 ～ 16：00 に到着。宿泊予定のホテルに相談して送迎をアレンジしてもらうか、ボーズマン空港近くのホテルに泊まって翌朝のバスでウエストイエローストーンへ行く。

DAY 2 ウエストイエローストーンから半日ツアーに参加

PM1:00

ボーズマンで泊まった場合は、午前中にウエストイエローストーンに移動。午後はサンセットツアーなどに参加。

レトロなボンネットバスを再現したツアー車も人気

DAY 3 ロウアーループの1日ツアーで間欠泉を見る

AM8:00

イエローストーン国立公園内の見どころはおおまかに 8 の字を描く国道沿いに点在しており、上の丸がアッパーループ、下の丸をロウアーループという。オールドフェイスフルの間欠泉や色鮮やかなモーニンググローリーなどの見どころはロウアーループにある。

オールドフェイスフルの間欠泉

PM0:00

ヘイデンバレーやキャニオンへ

ロウアーループのツアーはオールドフェイスフルの間欠泉の噴出時間に合わせて調整されるので、回る順番が前後することがある。半時計回りにスタートすると午後はヘイデンバレーやキャニオンと呼ばれるエリアを回る。

アカギツネノオヤコナカヨシダネ！

ヘイデンバレーは野生動物の観察ができるエリア

DAY 4 アッパーループの1日ツアーでテラスマウンテンへ

AM8:00

アッパーループへのツアーは夏期でも週 3 日のみなので日程をうまく調整しよう。マンモス・ホットスプリングスやタワールーズベルトなどがおもな見どころ。石灰棚や雄大な渓谷を見て回ろう。

ウエディングケーキミタイ

温泉の水流によって造られた石灰棚のテラスマウンテン

DAY 5,6 ボーズマン、ロサンゼルス経由などで日本へ帰国

朝のバスでボーズマン空港に向かえば、正午過ぎのロサンゼルス行きの飛行機に間に合う。

+1 DAY

グランドティトン国立公園

標高約 4200m のグランドティトン山で知られ、イエローストーン国立公園の南側に隣接している。間欠泉や石灰棚、蛍光色の温泉など、派手なイメージのイエローストーンに対し、グランドティトンは山頂部に万年雪を頂くティトン山脈や、峰々を湖面に映し出すジャクソン湖といった美しい山岳風景で知られている。
イエローストーン国立公園からも 1 日バスツアーが出ており、最寄りのジャクソンホール空港は国立公園の中にある。

オクスボーベンドから見たモラン山

立派な角を生やしたムースは国立公園内に多く生息している

\#温泉　\#奇岩

293

WONDER SPOT
世界の絶景・秘境への旅のヒント Q&A

> 気候と風土に合わせた服装が大事。まずは情報収集から始めよう

> 北半球と南半球の季節を間違えないでね

秘境に強い旅行会社

[西遊旅行]
登山、アフリカ、南米など秘境全域
http://www.saiyu.co.jp/

[ユーラシア旅行社]
南米、アフリカ、中央アジア等
http://www.eurasia.co.jp/

[ネイチャーワールド]
H.I.S.の秘境部門
http://www.natureworld.jp/

[道祖神]
サファリや砂漠などアフリカ全般
http://www.dososhin.com/

[ラティーノ]
ペルーなど南米専門
http://www.t-latino.com/

[ナイルストーリー]
白砂漠などエジプト専門
http://www.nilestory.co.jp/

[フィンツアー]
オーロラツアーなど北欧専門
http://www.nordic.co.jp/

Q 季節 暑いより寒い方がラク？いつ行くのがいいですか？

A 暑さ寒さより雨期・乾期が重要です

秘境の旅の場合、暑さ寒さも気を付けなければいけませんが、降雨量にはさらに注意が必要です。エンジェルフォールに行くなら、水量が多い雨期は迫力ある風景を楽しめるが蚊が多い、など情報によっては携行品にも違いが出てきます。

Q 服装 砂漠に行くのですが、Tシャツで OK？

A 長袖じゃないと火傷してしまう恐れが

暑いからといって露出の大きい服装は危険です。砂漠や海岸、山地などのワンダースポットは陽射しが強いため、日焼け＝火傷になってしまいます。ゆったりとした長袖＋エスニック調のパンツスタイルなど地元のファッションも参考にしましょう。

Q 装備 アジアの遺跡巡り、何を持って行くべきですか？

A 暑さ対策＝健康管理足元の準備も重要です

湿気があって暑い場所に行くときの注意です。熱中症予防の飲みものには、スポーツドリンクの粉末やティーバッグなどを持っていきましょう。帽子は必須、熱中症予防グッズのなかでは首の後ろが冷えるものが有効。日傘は見学の邪魔にならないよう配慮が必要。遺跡の中は足場が悪く意外に歩くので、靴は簡単に脱げない、滑らないものを。遺跡歩きの持ち物は最小限に。デイパックやショルダーにまとめましょう。

食事 ワンダースポットでは食べ物が心配

A 火を通したものならたいていは大丈夫です

生または半生のものは避けましょう。ツアーでは、あらかじめセットメニューが準備される場合がありますが、==テーブルに放置されたものはNG==。できたてで、火の通ったものが安心です。

情報 どうやって行ったらいいか情報がありません

A 専門旅行会社に相談 現地の旅行会社も強い味方です

秘境にはそれぞれの==地域専門の旅行会社==があります。まずはそこに相談するのがベスト。目的のワンダースポットの近くの町まで行けるなら、そこの旅行会社に相談するのも近道です。

宿泊 どんなホテルがあるの？チョイスのコツを教えて

A できるだけ「高い」ところがあらゆる危険を回避します

ワンダースポットへの基地となるホテルは「高い」ところが基本。上層階ならマラリアなどを媒介する蚊の侵入も防げます。==値段が高いホテルならセキュリティ面が安心==。

- 携帯用の蚊取り器は日本製が優秀だ
- 砂漠のオアシスでの食事もできたてなら大丈夫
- ホテルの茹で卵も固ゆでをチョイス。目安は10分以上

備忘録のススメ

もしもの時に、日本大使館、保険会社のアシスタンスサービス、医療機関など日本語で対応してくれる機関の電話番号等をメモしておこう。WONDER SPOTの場合は、最寄りの機関が近隣諸国のことも。携帯電話やスマホの海外通話方法も現地で確かめておくこと。

本書掲載のビザが必要な国「大使館・領事館」所在地一覧

ブラジル	〒141-0022 東京都品川区東五反田 1-13-12 COI 五反田ビル2階 http://www.consbrasil.org（東京） http://www.consbrashamamatsu.jp（浜松）
ベリーズ	〒160-0023 東京都新宿区西新宿 4-9-7 http://www.belize.jp
エチオピア	〒108-0074 東京都港区高輪 3-4-1 高輪偕成ビル2F http://www.ethiopia-emb.or.jp/visa_j/
タンザニア	〒158-0098 東京都世田谷区上用賀 4-21-9 http://www.tanzaniaembassy.or.jp/
ケニア	〒152-0023 東京都目黒区八雲 3-24-3 http://www.kenyarep-jp.com/
ヨルダン	〒150-0047 東京都渋谷区神山町 39-8 http://jp.visitjordan.com
エジプト	〒153-0042 東京都目黒区青葉台 1-5-4 http://www.egypt.or.jp/
セネガル	〒153-0042 東京都目黒区青葉台 1-3-4 http://www.senambatok.org/
マダガスカル	〒106-0046 東京都港区元麻布 2-3-23 http://madagascar-embassy.jp
ミャンマー	〒140-0001 東京都品川区北品川 4-8-26 http://www.myanmar-embassy-tokyo.net/ http://www.mmrvisacentre.sakura.ne.jp/ （公認西日本ビザセンター）
インド	〒112-0012 東京都文京区大塚 3-5-4 茗荷谷ハイツ1階 http://www.indianvisaatjapan.co.jp
ネパール	〒153-0064 東京都目黒区下目黒 6-20-28 フクカワハウスB http://www.nepalembassyjapan.org

備忘録のススメ

いつも飲んでいる薬のある人は、旅行用に余分に処方してもらい、多めに持っって行きましょう。肝心なのは「分散して持つ」こと。荷物の盗難やロストバゲージに備えて、3箇所ぐらいに分けて持つことです。既往症がある人は英文の自己カルテを用意すると安心。『自己記入式安全カルテ　成人用』日本旅行医学会（監修）

> ガイドの解説も重要な情報源。日本語の現地ツアーは少ないのでどうしても日本語という人は事前に手配すべし

> 奇岩の成り立ちがわかれば、ただの岩山にも意味があることがわかる

> 歴史ある古い街並みだ

> 石畳の町が多いから靴ははきなれたもので。キャスター付きのスーツケースも運びづらい

Q 移動　ワンダースポットまで
公共交通機関がありません

A　安く確実に行くなら
現地ツアーに参加しましょう

自然系のワンダースポットの多くは「秘境」といわれるようなところにあります。公共交通機関はほとんどアテにできません。タクシーで行くとしたら、数時間チャーターすることになりコストははかりしれず…。そんなときは現地発の混載ツアーに参加しましょう。往復の交通手段が確保できるだけでなく、ガイドの解説が聞ける利点も。遊覧飛行などコストのかかるアクティビティも、ツアーなら割安なことが多いものです。

Q 学習　初めて見る驚きと
知識的感動、どっち？

A　事前学習でワンダースポットを理解すれば
思い出もより深く刻まれるでしょう

すでに本書で行きたいところに目星を付けた段階で、「初めての感動」は多少薄くなっているものです。それならば、自然でも建築物でも、事前にその成り立ちや意味を学習していくことをおすすめします。深い感動は知識なしには得られません。

Q 安全　治安が悪いという噂が…
どんな準備が必要？

A　情報収集にまさる備えなし！
無理のない計画も大切

ひとくちに治安が悪いといっても、強盗が多いのかテロが心配なのかその内容はさまざまです。まずは外務省の海外安全ホームページ（http://www.anzen.mofa.go.jp）で基本の情報をチェック。現地の日本大使館のホームページでも治安情報が入手できます。これら公式の資料をもとに、危険地区には行かないなど自己管理を徹底。合わせて現地の支援体制（日系旅行会社など）があることを確認しておくことも安心材料になります。

Q 街歩き　ヨーロッパの街並みを
楽しむつもりですが…

A　街の雰囲気に合った装いで
ときにはおしゃれも楽しみましょう

デイパックにウオーキングシューズ…。旅といえばどこでもハイキングのような格好をする人を見かけます。旅もTPOが大切。ヨーロッパの旧市街なら、日本でショッピングに出掛けるような格好で大丈夫です。夜はちょっとおしゃれすると素敵。

Q 鞄 スーツケース or バックパック…迷ってます

A 移動の多い旅に スーツケースは不向きです

スーツケースは、秘境の場合、経由地や移動が多いことが想定されるうえ、階段やバスへの積み込みを自分でやる一般の旅行者には不向き。リゾート地なら何とかなりますが、秘境ではジャマになるでしょう。

Q 交渉 買い物での値段交渉が苦手 いい方法はないでしょうか？

A 最初の数日は何も買わず 相場を調べましょう

アジアや中近東、南米やアフリカなどでは値段交渉が必要な場合も多いもの。その国の言葉で挨拶したり、電卓の数字で交渉するのは基本。それでも相場より高く払うハメになることも。郷に入れば郷に従う。目くじら立てないことも旅のコツです。

> おみやげの値段は店によってまちまちでわかりにくい

> 日用品ならある程度の相場があるものだ

Q 便利 持っていってよかったもの 教えてください

A いろいろありますが 必携はビーチサンダルと水着です

まずビーチサンダル。飛行機やホテルの部屋でくつろぐとき。ちょっと使用がためらわれる共同シャワーでは虫よけに。朝食会場にちょっと行くとき…etc。ビーチに行く予定がなくても大活躍間違いなし。また、水着も常備。ワンダースポットでは思いがけず温泉が湧いていたり、寒い時期だと思っていても泳げたり。ホテルのスパやサウナも裸はご法度なのが普通。小さく丸められてかさばらないから持って行ってソンはなし！

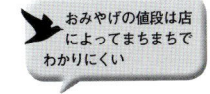

備忘録のススメ

秘境系ワンダースポットの町では、シャワーが水ということがよくある。暑い時期はそれでもいいけど、寒いときはたいへん。冷たかったら15分ぐらい出してみる、逆に電熱タンク式なら待つ、大勢の人が使う時間帯は水になるので避ける、ソーラーだと朝は冷たいので避ける、などいろいろ試してみよう。

Q 写真 写真をたくさん撮りたいのですが 充電やネット環境は？

A 充電はOKですが ネット環境も急速に普及しています

テント宿泊などでない限り、泊まっている施設で充電は可能です(要プラグ確認)。ただ砂漠やジャングルでは停電も多いもの。その国の事情を調べておきましょう。ネット環境は途上国でもWi-Fi（ワイファイ、無線LAN）の使えるカフェが増えているので、町ならかなりの確率でOK。大自然系のワンダースポットでも旅行者の集まる施設では使える所が増えてきました。

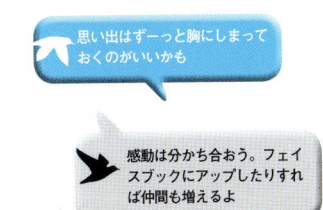

> 思い出はずーっと胸にしまっておくのがいいかも

> 感動は分かち合おう。フェイスブックにアップしたりすれば仲間も増えるよ

WONDER SPOT INDEX

[50音順]

あ行

		P
69	アイスホテル	158
94	愛のトンネル	264
05	アマゾン川	32
86	アルハンブラ宮殿	220
84	アルベロベッロ	208
65	アンダルシアのひまわり畑	154
55	アンティパクソス島の青の洞窟	147
98	アンテロープキャニオン	278
89	アントニ・ガウディの建築	236
100	イエローストーン	288
38	イグアスの滝	139
73	イグルー・ヴィレッジ	159
37	ヴィクトリアの滝	138
85	ヴェルサイユ宮殿	214
03	ウユニ塩湖	22
99	オーロラ	284
68	オランダのチューリップと風車	157

か行

88	カッパドキア	230
53	カプリ島の青の洞窟	147
45	ガレシュニャク島	141
23	ガンジス川	110
01	ギアナ高地	12
17	ギザのピラミッド	84
47	キャピラノ吊り橋	144
49	キャリック・ア・リード吊り橋	145
13	キリマンジャロ山	66
62	キンデルダイク	153
92	グトルフォス	252
67	グラン・プラスのフラワーカーペット	156
56	クリスタル洞窟	148
79	グレートバリアリーフの珊瑚	186
33	幻想図書館	134
64	后海	153
44	コラソン島	141

さ行

60	サンタロザリアの洞窟教会	151
70	三游洞の絶壁レストラン	158
34	ジェファーソン図書館	136
29	シェラーグ・ボルテン	132
15	死海	76
96	シカゴの高層建築	270
72	シャフベルク山の山岳ホテル	159
36	シュトゥットガルト市立図書館	137
21	白砂漠	102
57	スカフタフェットルの氷の洞窟	150
91	セゴビアの水道橋	248
07	セノーテ	40
95	セブン・マイル・ブリッジ	266
63	セントラルパーク	153
20	ソッサスブレイ	98

た行

26	タージ・レイク・パレス	122
76	ダイヤモンドヘッド	170
43	タバルア島	141
48	タフーン・フォレスト・エアウォーク	145
12	ダロル	62
28	チャイティーヨーのゴールデンロック	130
24	チャンド・バオリの階段井戸	114
31	チリカワ国定公園のバランス岩	133
51	ディアマンティナ洞窟	146
30	デビルズ・マーブル	133
42	トゥパイ島	140
08	トーレス・デル・パイネ	46
59	ドラック洞窟	151
50	トリフト橋	145
93	トルコのモスク	258
80	トロルの舌	188

な・は行

77	ナ・パリ・コースト	176
16	ネゲヴ砂漠	80
41	ハートリーフ	140
19	バオバブの並木道	92
22	バガン	104
61	バテルスヴォルゼ湖の氷の道	152
87	パムッカレ	224
75	バングルバングル	166
25	万里の長城	118
54	ビシェヴォ島の青の洞窟	147
27	ヒマラヤ	126
90	プリトヴィッツェ湖沼群	242
06	プリンセス・ジュリアナ国際空港	36
04	ブルーホール	28
83	ブルーラグーン	204
66	プロヴァンスのラベンダー畑	156
14	ペトラ	72
97	ボウリング・ボール・ビーチ	274
74	ホワイトヘブンビーチ	162

ま・や・ら行

10	マーブル・カテドラル	56
71	マジック・マウンテン・ホテル	159
40	ミッチェル滝	139
52	メリッサニ洞窟	146
35	メルク修道院図書館	136
81	モンサンミッシェル	194
58	モンフォートバット洞窟	150
39	ヨセミテの赤い滝	139
18	ラック・ローズ	88
11	ラリベラ	58
02	レンソイス・マラニャンセス	18
46	ロイヤル・ゴージ・ブリッジ	142
09	ロス・グラシアレス	50
78	ロックアイランド	180
32	ロングアイランドのバランス岩	133
82	ロングリート庭園	200

全部で47カ国もあるんだ！

じゃあ一番近い中国あたりからスタートしてみようか。パラオもいいけどね。

［国名順］

	アイスランド	P
57	スカフタフェットルの氷の洞窟	150
83	ブルーラグーン	204
92	グトルフォス	252

	アメリカ	
31	チリカワ国定公園のバランス岩	133
34	ジェファーソン図書館	136
39	ヨセミテの赤い滝	139
46	ロイヤル・ゴージ・ブリッジ	142
63	セントラルパーク	153
76	ダイヤモンドヘッド	170
77	ナ・パリ・コースト	176
95	セブン・マイル・ブリッジ	266
96	シカゴの高層建築	270
97	ボウリング・ボール・ビーチ	274
98	アンテロープキャニオン	278
100	イエローストーン	288

	アルゼンチン	
09	ロス・グラシアレス	50
38	イグアスの滝	139
44	コラソン島	141

	イギリス	
49	キャリック・ア・リード吊り橋	145
82	ロングリート庭園	200

	イスラエル	
15	死海	76
16	ネゲヴ砂漠	80

	イタリア	
53	カプリ島の青の洞窟	147
60	サンタロザリアの洞窟教会	151
84	アルベロベッロ	208

	インド	
23	ガンジス川	110
24	チャンド・バオリの階段井戸	114
26	タージ・レイク・パレス	122

	ウクライナ	
94	愛のトンネル	264

	エジプト	
17	ギザのピラミッド	84
21	白砂漠	102

	エチオピア	
11	ラリベラ	58
12	ダロル	62

	オーストラリア	
30	デビルズ・マーブル	133
40	ミッチェル滝	139
41	ハートリーフ	140
48	タフーン・フォレスト・エアウォーク	145
74	ホワイトヘブンビーチ	162
75	バングルバングル	166
79	グレートバリアリーフの珊瑚	186

	オーストリア	
35	メルク修道院図書館	136
72	シャフベルク山の山岳ホテル	159

	オランダ	
61	パテルスヴォルゼ湖の氷の道	152
62	キンデルダイク	153
68	オランダのチューリップと風車	157

	カナダ	
32	ロングアイランドのバランス岩	133
47	キャピラノ吊り橋	144
99	オーロラ	284

	ギリシャ	
52	メリッサニ洞窟	146
55	アンティパクソス島の青の洞窟	147

	クロアチア	
43	ガレシュニャク島	141
54	ビシェヴォ島の青の洞窟	147
90	プリトヴィッツェ湖沼群	242

	ケニア	
13	キリマンジャロ山	66

	ザンビア	
37	ヴィクトリアの滝	138

	ジンバブエ	
37	ヴィクトリアの滝	138

	スイス	
50	トリフト橋	145

	スウェーデン	
69	アイスホテル	158

	スペイン	
59	ドラック洞窟	151
65	アンダルシアのひまわり畑	154
86	アルハンブラ宮殿	220
89	アントニ・ガウディの建築	236
91	セゴビアの水道橋	248

	セネガル	
18	ラック・ローズ	88

	セント・マーチン	
06	プリンセス・ジュリアナ国際空港	36

	タヒチ	
42	トゥパイ島	140

	タンザニア	
13	キリマンジャロ山	66

	中国	
25	万里の長城	118
64	后海	153
70	三游洞の絶壁レストラン	158

	チリ	
08	トーレス・デル・パイネ	46
10	マーブル・カテドラル	56
71	マジック・マウンテン・ホテル	159

	ドイツ	
36	シュトゥットガルト市立図書館	137

	トルコ	
87	パムッカレ	224
88	カッパドキア	230
93	トルコのモスク	258

	ナミビア	
20	ソッサスブレイ	98

	ネパール	
27	ヒマラヤ	126

	ノルウェー	
29	シェラーグボルテン	132
80	トロルの舌	188

	パラオ	
78	ロックアイランド	180

	フィジー	
43	タバルア島	141

	フィリピン	
58	モンフォートバット洞窟	150

	フィンランド	
73	イグルー・ヴィレッジ	159

	ブラジル	
02	レンソイス・マラニャンセス	18
05	アマゾン川	32
33	幻想図書館	134
38	イグアスの滝	139
51	ディアマンティナ洞窟	146

	フランス	
66	プロヴァンスのラベンダー畑	156
81	モンサンミシェル	194
85	ヴェルサイユ宮殿	214

	ベネズエラ	
01	ギアナ高地	12

	ベリーズ	
04	ブルーホール	28

	ペルー	
05	アマゾン川	32

	ベルギー	
67	グラン・プラスのフラワーカーペット	156

	ボリビア	
03	ウユニ塩湖	22

	マダガスカル	
19	バオバブの並木道	92

	ミャンマー	
22	バガン	104
28	チャイティーヨーのゴールデンロック	130

	メキシコ	
07	セノーテ	40
56	クリスタル洞窟	148

	ヨルダン	
14	ペトラ	72
15	死海	76

[テーマ・魅力別]

海やビーチの景観が WONDER!
06	プリンセス・ジュリアナ国際空港	36
41	ハートリーフ	140
42	トゥパイ島	140
43	タバルア島	141
44	コラソン島	141
45	ガレシュニャク島	141
74	ホワイトヘブンビーチ	162
76	ダイヤモンドヘッド	170
77	ナ・パリ・コースト	176
78	ロックアイランド	180
79	グレートバリアリーフの珊瑚	186
95	セブン・マイル・ブリッジ	266
97	ボウリング・ボール・ビーチ	274

砂漠の美しさと厳しい歴史が WONDER!
14	ペトラ	72
16	ネゲヴ砂漠	80
17	ギザのピラミッド	84
20	ソッサスブレイ	98
21	白砂漠	102

地球の不思議が詰まった奇岩が WONDER!
16	ネゲヴ砂漠	80
21	白砂漠	102
28	チャイティーヨーの ゴールデンロック	130
29	シェラーグ・ボルテン	132
30	デビルズ・マーブル	133
31	チリカワ国定公園のバランス岩	133
32	ロングアイランドのバランス岩	133
75	バングルバングル	166
77	ナ・パリ・コースト	176
87	パムッカレ	224
88	カッパドキア	230
97	ボウリング・ボール・ビーチ	274
98	アンテロープキャニオン	278
100	イエローストーン	288

洞窟は神秘のWONDER!
04	ブルーホール	28
07	セノーテ	40
10	マーブル・カテドラル	56
51	ディアマンティナ洞窟	146
52	メリッサニ洞窟	146
53	カプリ島の青の洞窟	147
54	ビシェヴォ島の青の洞窟	147
55	アンティパクソス島の青の洞窟	147
56	クリスタル洞窟	148
57	スカフタフェットルの氷の洞窟	150
58	モンフォートバット洞窟	150
59	ドラック洞窟	151
60	サンタロザリアの洞窟教会	151

そこに山があるから WONDER!
01	ギアナ高地	12
08	トーレス・デル・パイネ	46
13	キリマンジャロ山	66
27	ヒマラヤ	126
76	ダイヤモンドヘッド	170

大河や滝の迫力が WONDER!
01	ギアナ高地	12
05	アマゾン川	32
23	ガンジス川	110
37	ヴィクトリアの滝	138
38	イグアスの滝	139
39	ヨセミテの赤い滝	139
40	ミッチェル滝	139
90	プリトヴィッツェ湖沼群	242
92	グトルフォス	252

叡智が詰まった荘厳な宗教に WONDER!
11	ラリベラ	58
22	バガン	104
28	チャイティーヨーの ゴールデンロック	130
35	メルク修道院図書館	136
60	サンタロザリアの洞窟教会	151
81	モンサンミシェル	194
88	カッパドキア	230
89	アントニ・ガウディの建築	236
93	トルコのモスク	258

気持ちいい温泉で癒しの WONDER!
83	ブルーラグーン	204
87	パムッカレ	224

絢爛豪華な装飾が WONDER!
35	メルク修道院図書館	136
85	ヴェルサイユ宮殿	214
86	アルハンブラ宮殿	220
89	アントニ・ガウディの建築	236
93	トルコのモスク	258

氷点下の世界が美しくて WONDER!
09	ロス・グラシアレス	50
61	パテルスヴォルゼ湖の氷の道	152
62	キンデルダイク	153
63	セントラルパーク	153
64	后海	153
69	アイスホテル	158
73	イグルー・ヴィレッジ	159
99	オーロラ	284

高いところは怖いけど WONDER!
29	シェラーグ・ボルテン	132
46	ロイヤル・ゴージ・ブリッジ	142
47	キャピラノ吊り橋	144
48	タフーン・フォレスト・エアウォーク	145
49	キャリック・ア・リード吊り橋	145
50	トリフト橋	145
70	三游洞の絶壁レストラン	158
72	シャフベルク山の山岳ホテル	159
80	トロルの舌	188
96	シカゴの高層建築	270

花や木に癒されて WONDER!
19	バオバブの並木道	92
65	アンダルシアのひまわり畑	154
66	プロヴァンスのラベンダー畑	156
67	グラン・プラスの フラワーカーペット	156
68	オランダのチューリップと風車	157
82	ロングリート庭園	200
94	愛のトンネル	264

街歩きが楽しくって WONDER!
84	アルベロベッロ	208
91	セゴビアの水道橋	248
96	シカゴの高層建築	270

湖って表情豊かでWONDER!
02	レンソイス・マラニャンセス	18
03	ウユニ塩湖	22
12	ダロル	62
15	死海	76
18	ラック・ローズ	88
26	タージ・レイク・パレス	122
90	プリトヴィッツェ湖沼群	242

珍しい動植物が見られて WONDER!
05	アマゾン川	32
08	トーレス・デル・パイネ	46
13	キリマンジャロ山	66
19	バオバブの並木道	92
38	イグアスの滝	139
79	グレートバリアリーフの珊瑚	186

歴史的建造物が WONDER!
14	ペトラ	72
17	ギザのピラミッド	84
22	バガン	104
24	チャンド・バオリの階段井戸	114
25	万里の長城	118
26	タージ・レイク・パレス	122
35	メルク修道院図書館	136
81	モンサンミシェル	194
84	アルベロベッロ	208
85	ヴェルサイユ宮殿	214
86	アルハンブラ宮殿	220
87	パムッカレ	224
88	カッパドキア	230
89	アントニ・ガウディの建築	236
91	セゴビアの水道橋	248
93	トルコのモスク	258

教会とお寺とモスクに行っていろんなお願いごとをしたら何か叶うかな？

[予算別]

10万円〜 次の休暇で気軽に行ける WONDER SPOT!

17	ギザのピラミッド	84
25	万里の長城	118
46	ロイヤル・ゴージ・ブリッジ	142
47	キャピラノ吊り橋	144
58	モンフォートバット洞窟	150
61	バテルスヴォルゼ湖の氷の道	152
62	キンデルダイク	153
63	セントラルパーク	153
64	后海	153
67	グラン・プラスのフラワーカーペット	156
68	オランダのチューリップと風車	157
74	ホワイトヘブンビーチ	162
76	ダイヤモンドヘッド	170
78	ロックアイランド	180
79	グレートバリアリーフの珊瑚	186

20万円〜 ボーナス出たらチャレンジしたい WONDER SPOT!

14	ペトラ	72
21	白砂漠	102
22	バガン	104
23	ガンジス川	110
24	チャンド・バオリの階段井戸	114
28	チャイティーヨーのゴールデンロック	130
34	ジェファーソン図書館	136
35	メルク修道院図書館	136
36	シュトゥットガルト市立図書館	137
39	ヨセミテの赤い滝	139
41	ハートリーフ	140
42	トゥバイ島	140
43	タバルア島	141
50	トリフト橋	145
53	カプリ島の青の洞窟	147
59	ドラック洞窟	151
60	サンタロザリアの洞窟教会	151
65	アンダルシアのひまわり畑	154
66	プロヴァンスのラベンダー畑	156
69	アイスホテル	158
70	三游洞(サンユウドウ)の絶壁レストラン	158
72	シャフベルク山の山岳ホテル	159
77	ナ・パリ・コースト	176
81	モンサンミッシェル	194
82	ロングリート庭園	200
85	ヴェルサイユ宮殿	214
86	アルハンブラ宮殿	220
91	セゴビアの水道橋	248
93	トルコのモスク	258
96	シカゴの高層建築	270
97	ボウリング・ボール・ビーチ	274
98	アンテロープキャニオン	278

25万円〜 予定も予算も準備万端で WONDER SPOT!

15	死海	76
26	タージ・レイク・パレス	122
31	チリカワ国定公園のバランス岩	133
32	ロングアイランドのバランス岩	133
45	ガレシュニャク島	141
49	キャリック・ア・リード吊り橋	145
52	メリッサニ洞窟	146

54	ビシェヴォ島の青の洞窟	147
55	アンティパクソス島の青の洞窟	147
73	イグルー・ヴィレッジ	159
88	カッパドキア	230
90	プリトヴィッツェ湖沼群	242
94	愛のトンネル	264

30万円〜 貯金をはたいても絶対行きたい WONDER SPOT!

06	プリンセス・ジュリアナ国際空港	36
07	セノーテ	40
13	キリマンジャロ山	66
16	ネゲヴ砂漠	80
29	シェラーグ・ボルテン	132
33	幻想図書館	134
48	タフーン・フォレスト・エアウォーク	145
51	ディアマンティナ洞窟	146
57	スカフタフェットルの氷の洞窟	150
71	マジック・マウンテン・ホテル	159
75	バングルバングル	166
83	ブルーラグーン	204
84	アルベロベッロ	208
87	パムッカレ	224
89	アントニ・ガウディの建築	236
92	グトルフォス	252
95	セブン・マイル・ブリッジ	266
100	イエローストーン	288

40万円〜 秘境度UP、憧れの WONDER SPOT!

01	ギアナ高地	12
02	レンソイス・マラニャンセス	18
03	ウユニ塩湖	22
04	ブルーホール	28
05	アマゾン川	32
08	トーレス・デル・パイネ	46
09	ロス・グラシアレス	50
10	マーブル・カテドラル	56
11	ラリベラ	58
12	ダロル	62
18	ラック・ローズ	88
19	バオバブの並木道	92
20	ソッサスブレイ	98
27	ヒマラヤ	126
30	デビルズ・マーブル	133
37	ヴィクトリアの滝	138
38	イグアスの滝	139
40	ミッチェル滝	139
44	コラソン島	141
80	トロルの舌	188
99	オーロラ	284

近い所は安いけど、本当に行ってみたい秘境はやっぱりちょっと高いね。

がんばって飛んで飛行機代を浮かそうか

［世界遺産］

掲載写真すべてが必ずしも世界遺産に登録されているわけではありません。また登録名と物件名は一致しないものもあります。

01	ギアナ高地	10
04	ブルーホール	28
05	アマゾン川	32
09	ロス・グラシアレス	50
11	ラリベラ	58
13	キリマンジャロ山	66
14	ペトラ	72
16	ネゲヴ砂漠	80
17	ギザのピラミッド	84
20	ソッサスブレイ	98
25	万里の長城	118
27	ヒマラヤ	126
35	メルク修道院図書館	136
37	ヴィクトリアの滝	138
38	イグアスの滝	139
41	ハートリーフ	140
62	キンデルダイク	153

67	グラン・プラスのフラワーカーペット	158
72	シャフベルク山の山岳ホテル	159
74	ホワイトヘブンビーチ	162
75	バングルバングル	166
78	ロックアイランド	180
79	グレートバリアリーフの珊瑚	186
81	モンサンミシェル	194
84	アルベロベッロ	208
85	ヴェルサイユ宮殿	214
86	アルハンブラ宮殿	220
87	パムッカレ	224
88	カッパドキア	230
89	アントニ・ガウディの建築	236
90	プリトヴィッツェ湖沼群	242
91	セゴビアの水道橋	248
93	トルコのモスク	258
100	イエローストーン	288

Photo credits

Afro

P56：Barcroft Media　P158：田中重樹

Getty Images

表紙：Greg Johnston　P5：Paul Nicklen　P12-13：Martin Harvey　P14：Time & Life Pictures/ Images　P15：Ed Darack　P20：Matthew Wakem　P28-29：Greg Johnston　P34：Carrie Vonderhaar/Ocean Futures Society、Globo via Images　P38：Bruce Clarke、Michael DeFreitas　P40-41：Paul Nicklen　P43：Jens Kuhfs、Reinhard Dirscherl　P53：Travel Ink、Martin Harvey　P68：Masato Morita　P68-69：Danita Delimont　P78：Travel Ink Photo Library　P86：Will & Deni McIntyre、Jochen Schlenker　P92-93：Ariadne Van Zandbergen　P100：Doug Allan、Jan Tove Johansson　P102：Reinhard Dirscherl　P106：wichan yingyongsomsawas　P112：© 2007 Jerry Redfern　P118-119：Digital Vision.　P120：- Fotosearch、Education Images/UIG　P126-127：chinaface　P132：Keren Su　P133：altrendo nature　P138：Paul Souders　P139：Kerry Lorimer　P141：Scott Winer　P142-143：Nara Won　P144：Stuart Dee　P145：Julian Love、Gareth Mccormack　P146：Priscila Zambotto、Rupert Horrox　P147：Hauke Dressler　P148-149：Carsten Peter/Speleoresearch & Films　P150：Peter Adams、allanbaxedo　P151：Holger Leue、Sabine Lubenow　P153：Richard I'Anson　P154-155：Datacraft Co Ltd　P158：Chad Ehlers　P164：Photograph By David Messent　P168：Manfred Gottschalk、Christopher Groenhout　P173：Stacy Gold　P180-181：Keren Su　P182：Allan Seiden　P186：Jeff Hunter　P197：Wilfried Krecichwost　P200-201：Jason Hawkes　P202：Arcaid、Jason Hawkes、David Beatty　P211：Bruno Morandi、Philippe Michel　P214-215：THOMAS COEX　P216：2013 dhwee、French School　P217：RIEGER Bertrand / hemis.fr　P220-221：Slow Images　P222：Javier Larrea　P242-243：Simeone Huber　P245：David C Tomlinson、Reinhard Pantke　P252-253：Paul Harding　P254：Klaus Lang　P266-267：Mike Theiss　P268：Mike Theiss　P274-275：Visuals Unlimited, Inc./Patrick Smith　P276：Kennan Harvey、James Hager　P280・281：Glow Images, Inc

PIXTA

P18-19：空　P24：Toomoo　P24-25：空　P197：KEI　P284-285：カワグチツトム　P286：kaoru

PPS

P88-89：SPL/PPS　P90：alamy/PPS　P116：alamy/PPS　P134-135：alamy/PPS　P139：Kaz Takahashi　P140：Superstock/PPS　P152：Rex/PPS　P159：Rex/PPS　P250：Georg Gerster/PPS　P268：akg/PPS　P268：Joseph Sohm/PPS

Shutterstock.com

P2-3：AdStock RF　P4：tororo reaction　P7：Mapics　P15：Vadim Petrakov、Savelyeva Anna　P16：gary yim　P17：Vadim Petrakov、rm　P20：ostill　P21：ostill、Jenzinho　P22-23：kenjito　P24：Galyna Andrushko、kenjito　P25：Junne　P26：shinnji、kenjito、niall dunne　P27：Pyty、Dmitry Burlakov、hecke61、gary yim　P29：Sharon K. Andrews、Vilainecrevette　P30：Christine Norton　P32-33：Anton_Ivanov　P34：guentermanaus、Dirk Ercken　P35：gary yim　P36-37：chalabala　P38：Steve Heap、Michael Byrne　P39：chalabala　P42：Joyce Vincent　P43：Subbotina Anna、Joanne Weston　P44：Frontpage、VICTOR TORRES、michelepautasso　P45：Mike Liu、Kamil Macniak、Jeannette Lambert、holbox、Suzanne Long、Vadim Petrakov、Joseph Calev、Joanne Weston　P46-47：Pichugin Dmitry　P48；orxy、kavram、Ekaterina Pokrovsky　P49：kavram、Henryk Sadura、big john　P50-51：Pablo H Caridad　P52：javarman　P53：Pablo H Caridad、PSD photography　P54：jorisvo、sunsinger、Pascal RATEAU　P55：Colman Lerner Gerardo、Christian Saez、alfotokunst、Pichugin Dmitry、Lisa Strachan、Ivan F. Barreto　P58-59：Pascal RATEAU　P60：Galyna Andrushko、trevor kittelty、trevor kittelty　P61：Jorg Hackemann　P62-63：Photovolcanica.com　P64・65：Matej Hudovernik　P66-67：PHOTOCREO Michal Bednarek　P68：John Lindsay-Smith、jo Crebbin　P70：Andrzej Kubik、Kondrachov Vladimir　P71：javarman、meunierd、Jan S.、Pete Biger、Vadim Petrakov　P72-73：Joseph Calev　P74：DanielW、sootra、Nickolay Vinokurov　P75：Lisa Strachan　P76-77：Nickolay Vinokurov　P78：silverjohn、ProfStocker、Meoita　P82：kavram、Sergei25　P83：ChameleonsEye　P84-85：sculpies　P86：Waj、SueC　P87：Steven Bostock　P91：Anton_Ivanov、antpun　P94：Pierre-Yves Babelon　P95：Noahsu、Hugh Lansdown、Pierre-Yves Babelon、sunsinger　P96：Pierre-Yves Babelon　P97：kkaplin、Oscar Espinosa、Arto Hakola　P98-99：Pete Niesen　P100：JaySi　P101：JaySi、Malgorzata Drewniak　P104-105：Bule Sky Studio　P107：Luciano Mortula、OPIS Zagreb、Elena Yakusheva　P108：Stephen Bures、Det-anan、OPIS Zagreb　P109：OPIS Zagreb、tacud、bumihills、Luciano Mortula、walkdragon　P110-111：oksana.perkins　P112：filmlandscape、Neale Cousland、summer.wu　P113：Daniel J. Rao、Robin Kay　P114-115：ostill　P116：ostill、Alexandra Lande　P117：irina d'elena　P120：chrisdouglas123　P121：Hung Chung Chih、Luisa Fernanda Gonzalez　P124：Vladimir Sklyarov　P128：Vadim Petrakov　P130-131：isarescheewin　P133：Janelle Lugge　P133：Nathan Chor　P136：Galina Mikhalishina、Igor Plotnikov　P137：Jens Goepfert　P139：Steven Gill　P140：Henri Vandelanotte　P141：sunsinger、Igor Karasi　P145：Dennis van de Water　P147：Netfalls - Remy Musser　P153：devy、cdrin　P156：S.R.Lee Photo Traveller、EUROPHOTOS　P157：Worldpics　P159：Robert Hoetink　P162-163：Andrey Bayda　P164：deb22　P165：Tanya Puntti、Mark Schwettmann　P166-167：Simon Krzic　P168：Simon Krzic　P169：B Dallas Clark、Totajla　P170-171：Lisa Hoang　P172：tomas del amo　P173：Dhoxax、Sylvana Rega、col　P174：Chris Driscoll、dashingstock　P175：Andrew Zarivny、Steve Heap、Jared Mark Zillig、Sanchai Kumar、You Touch Pix of EuToch　P176-177：Sebastien Burel　P178：Matthew Connolly、Chantal Ringuette、Alfgar、Boykov　P179：Galyna Andrushko　P183：Marcus Efler、Ethan Daniels、tororo reaction　P184：Stubblefield Photography　P185：Ethan Daniels、RWBrooks　P188-189：Galyna Andrushko　P190：Zalka　P191：Svetlana Privezentseva、Robert Rozbora、Vlada Zhykharieva、Ana del Castillo　P192：Tupungato、Sergei25、DavidYoung、chaoss　P193：DavidYoung、Galyna Andrushko、Rune Holm、Stefan Schurr、VICTOR TORRES、Przemyslaw Wasilewski　P194-195：Boris Stroujko　P196-197：Igor Plotnikov　P196：VLADJ55　P197：Daniela Migliorisi　P198：Nick_Nick、nhtg、Jose Ignacio Soto　P199：Mario Savoia、Ana del Castillo、Ferenc Cegledi、Captblack76、Jason Ho　P203：Kiev.Victor　P204-205：Bjartur Snorrason　P206：Doin Oakenhelm、Justin Black　P207：Arseniy Krasnevsky　P208-209：Claudio Giovanni Colombo　P210-211：JeniFoto　P210：leoks　P211：Massimiliano Pieraccini　P212：LianeM、Luciano Mortula、ollirg、leoks　P213：Mi.Ti.、liseykina、fritz16、RadVila、Sabino Parente、Anastasiia Minina　P216：pedrosala　P217：Pecold　P218：Pack-Shot、Parys Ryszard、St. Nick　P219：nui7711、Daniela Migliorisi、lexan、onairda、junjun、Jose Ignacio Soto、Pack-Shot、s74、Mikhail P.、photogolfer　P222：Jose Ignacio Soto、Rafael Ramirez Lee　P223：Neftali　P228：emei、Tatyana Vyc　P229：ihsan Gercelman、emei、NCG　P232-233：Boris Stroujko、Efired　P235：Emi Cristea、Dziewul、Lenar Musin、Viacheslav Lopatin　P236-237：Natursports　P239：Vladitto、Luciano Mortula、Christian Bertrand　P240：Dragomir Nikolov、funkyfrogstock、Vladyslav Danilin　P241：Iakov Filimonov、Anna Bogush、Luciano Mortula、Sergey Kelin、voddol、Vlad G、Anibal Trejo　P244：Brykaylo Yuriy　P245：Dennis van de Water、dinosmichail　P246：Deymos Photo、stjepann、Scott Wong　P247：Tomas1111　P248-249：Marques　P250：Botond Horvath、gary718　P251：Philip Lange　P255：Robert Hoetink、Frank Bach　P256：counterspell、Laurence Gough、Corepics VOF　P257：Roman Slavik、Robert Hoetink、stjepann、topora、Vadim Petrakov、tomtsya、Arseniy Krasnevsky　P258-259：Tomas1111　P261：Luciano Mortula　P262：Faraways　P263：Viacheslav Lopatin、muharremz、Radiokafka　P264：Alexander Ishchenko　P268：Worachat Sodsri　P269：fotomak　P270-271：Songquan Deng　P272：VICTOR TORRES、Richard Cavalleri、Rudy Balasko　P273：vrjoyner、jkirsh　P277：Dennis O'Hearn、imging、Gary Saxe　P278-279：kavram　P281；somchaij、Doug Meek、Felix Lipov　P282：Bernadette Heath　P283：Tomas Rebro、SNEHIT、Planetphoto.ch、Malgorzata Litkowska、iofoto、prochasson frederic　P286：Shin Okamoto、Pi-Lens、Stephen Mcsweeny　P287：Josef Hanus　P288-289：Lorcel　P290：Nagel Photography　P291：Nina B、Nagel Photography、Megan Carley、Lee Prince　P292：Carolina K. Smith MD、Henryk Sadura　P293：pedrosala、CrackerClips Stock Media、Birdiegal、Dennis Donohue、mlwphoto、Images by Dr. Alan Lipkin　P297：topten22photo

Masanao Toyoshima（P6、P224-227、229-235、260-263）　Koji Iwama（P78、80-81、147、206）　Hidefumi Kawada / C.P.C. Photo（P59）　Masahiro Ariga（P238）　The Leading Hotels of the World（P122-125）

303

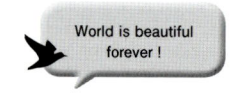

World is beautiful forever !

Have a nice trip !

staff

編集制作　オフィス・ラベンダー
デザイン　矢部あずさ（bitter design）
企画／編集　成美堂出版編集部
　　　　　　白方美樹

―WONDER SPOT― 世界の絶景・秘境100
2015年3月1日発行

編　者　成美堂出版編集部
発行者　深見公子
発行所　成美堂出版
　　　　〒162-8445　東京都新宿区新小川町1-7
　　　　電話(03)5206-8151　FAX(03)5206-8159
印　刷　大日本印刷株式会社

ⒸSEIBIDO SHUPPAN 2013　PRINTED IN JAPAN
ISBN978-4-415-31737-3
落丁・乱丁などの不良本はお取り替えします
定価はカバーに表示してあります

・本書および本書の付属物を無断で複写、複製（コピー）、引用する
　ことは著作権法上での例外を除き禁じられています。また代行業者
　等の第三者に依頼してスキャンやデジタル化することは、たとえ個人
　や家庭内の利用であっても一切認められておりません。